21세기를 위한 다이나믹 목회 시리즈

Pastoral Care

역동적 목회

데이빗 W. 위어스비 지음

고영민 . 김기원 옮김

워렌 W. 위어스비 편집

Pastoral Care

DAVID W. WIERSBE

 # 시리즈 서문

이 시리즈는 경험이 풍부한 목회자뿐 아니라 목회를 시작한 지 얼마 안된 목회자들에게도 효과적이며, 결실이 풍부하며, 기쁨을 누리는 사역을 수행하는 데 도움을 줄 간결한 정보를 제공하는 데 있다.

'목회'라는 말은 '섬김'을 의미한다. 그것은, 예수께서 그분의 삶을 통해 친히 보여주었을 뿐 아니라, 오늘날의 목회자들이 삶을 통해 실천하기를 기대하는 가치있는 일이다. 호칭이나 직위가 무엇이든 우리는 모두 교회 안에서 섬겨야 할 하나님의 백성이다.

'역동적'(dynamics)이라는 말은 '권능'과 동의어로 사용한 것이 아니라, 기독교의 사역 속에서 이미 자취를 찾기 어려운 어떤 요소를 일깨우기 위해 사용하고 있다. 그러한 요소들은 명맥을 유지한다 하더라도 사라지고 있는 중이다. 진정한 성경적 목회란 끊임없는 도전과 변화, 배움과 성장, 이러한 다양한 요소들을 다루는 법을 포함하며, 목회자들이 행하는 사역의 성공과 효과를 결정한다.

이 시리즈는 일시적인 유행이 아니라 근본적 원리에 토대를 둔 실제적인 돌봄을 강조한다. 경험이 많은 목회자들은 현대적인 교훈을 붙잡을 필요가 있는 반면에, 경험이 적은 목회자들은 전통적인 교훈을 붙잡을 필요가 있다. 그러한 일을 허용할 만큼 정직하며 서로의 조언을 들을 만큼 겸손하기만 하면 우리는 서로를 통해 많은 교훈을 얻을 수 있다.

1950년부터 시작하여 목회 해오는 동안에 지역교회 목회사역에서 일어나는 수많은 변화를 보아왔다. 버스를 이용한 목회와 가정교회로부터 소그룹 성장과 초대형 교회에 이르기까지 다양한 목회 양상이 전개되었다. 그러한 변화 중의 어떤 것들은 유익함이 입증되어 많은 교회에서 하나님을 섬기는 사역 속에 수용되고 있다. 하지만 수십년 전에 온 나라의 이목을 집중시켰던 어떤 사상들은 헌 책방에 쌓여 있는 잊혀진 책들의 책장 속에만 겨우 남아 있다. 오늘날의 자극적인 제목들은 얼마나 속히 내일의 각주가 되어 버리는지! "범사에 헤아려 좋은 것을 취하고"(살전 5:21).

누가 썼는지 모르는 고대의 기도가 마음에 떠오른다.

오 진리의 하나님!
새로운 진리를 두려워하는 나약함과
반쪽 짜리 진리에 만족하는 게으름과
모든 진리를 알고 있다고 생각하는
교만함으로부터 저희를 구원하소서!

이 시리즈를 통해, 풍부한 경험을 쌓은 목회자들뿐만 아니라 신학교를 막 졸업한 사역자들까지 격려와 교훈을 얻을 수 있기를 바란다.

- 워렌 W. 위어스비 -

Acknowledgments 감사의 말

이 책을 저술하는 것은 본래 나의 의도가 아니었다. 하지만 목회에 대한 나의 이해를 글로 표현하는 데 요구되는 연구와 사고의 기회를 가질 수 있었던 점에 대해 매우 기쁘게 생각한다.

이 책의 방향을 제시하고 많은 세부적인 문제들을 해결하는 데 보여준 폴 엥글의 지혜와 인내에 대해 감사 드린다.

이 책을 쓰도록 만든 것은 나의 부친이신 워렌 W. 위어스비 목사의 의도였지만, 그분이 보여준 아들에 대한 신뢰와 격려로 인해 나는 많은 기쁨을 누리고 있다. 그분은 나의 사역 모델인 동시에 훌륭한 아버지이시다. 특히 이 시리즈를 완성할 때까지 편집자와 아버지로서의 역할을 분리시키며 보여준 객관적인 태도에 대해 감사 드린다.

나의 아버지와 어머니는 개인적인 면에서나 공적인 면에서 믿음을 따라 사신 분들이었다. 많은 목회자의 자녀들이 자라서 교회와 목회사역을 기피하는 경우를 본다. 내가 교회를 섬기는 이유는 교회의 주이신 예수 그리스도를 믿고 사랑하도록 가르침을 받았기 때문이다. 물려받은 풍부한 영적 유산으로 인해 나의 부모님께 감사 드린다. 동시에 많이 받은 자는 많은 것을 요구받는다는 것도 인정한다.

이 책의 원고를 마감해야 할 날짜가 다가오자 나의 아내 수(Sue)와 아들 존(Jon)은 마치 가족을 떠나 혼자있는 것처럼 느낄 수 있도록 조용한 시간과 공간을 만들어 주는 호의를 베풀어 주었다. 그들은 언제나 나를 깨우쳐주는 가장 훌륭한 스승인 동시에 깊은 사랑을 가지고 나를 깜짝 놀라게 만들곤 한다. 수와 존에게 함께 지내야할 시간의 빚을 지고 있는 셈이므로 나는 그들과 같이 여유있는 시간을 주시도록 하나님께 기도 드린다. 매일의 삶 속에 기쁨이 넘치는 이유는 아내와 아들을 통해 내게 주신 하나님의 선물 때문이다. 그들이 나의 원고를 읽고 소중한 조언을 함으로써 더 나은 내용으로 개선할 수 있었다.

지금까지 섬겨온 성도들 한 사람 한 사람은 나를 한 인간이자 목사로 만들어 주었다. 섬기는 회중마다 최선을 다하여 돌보아 왔지만, 그들은 언제나 훨씬 더 많은 것으로 내게 돌려주었다. 그 교회들은 내게 영적 목회사역을 가르쳐 주는 하나님의 도구로, 하나님의 말씀에 따라 그 사역을 행할 책임을 지워주었다. 그러한 사역이 수표장을 보여주는 법은 결코 없을 것이지만 목자로서 섬기는 일은 부요로와질 수밖에 없다.

시대의 흐름에 따라 변화는 늘 있기 미련입니다. 그런데 인터넷 시대, 디지털 시대라고 하는 이 시대는 변화의 속도뿐 아니라 그 양상도 다양합니다. 또한 쏟아져 나오는 정보를 다 수용하기도 전에 또 새로운 것을 접해야 하는, 그야말로 정보의 홍수 속에 빠져 있습니다.

새로운 목회 패러다임을 요구하는 이 시대에 복음적인 설교자로 가장 존경받는 워렌 W.위어스비가 책임 편집한 〈 21세기를 위한 다이나믹 목회 시리즈 〉는 목회자, 교회 지도자들에게 크나큰 선물이 아닐 수 없습니다. 이 시리즈는 신학교에서 공부중인 목회자 후보생이나 이제 막 목회를 시작한 목회자, 더 나아가 오랜 세월을 사역한 목회자에 이르기까지 골고루 지침을 주기 때문입니다.

좋은 땅에서 깊이 뿌리내린 나무는 풍파에도 흔들리지 않는 법입니다. 위어스비는 이 시리즈를 통해 예배, 설교, 리더십, 영성, 재정에 이르기까지 목회 전반을 바로 세울 수 있는 기본원리를 제공하고 있습니다.그것은 바로 성경적 목회관입니다. 모든 목회자의 모델이 되시는 예수 그리스도의 발자취를 좇는 목회입니다. 그 분은 시몬 베드로에게 교회를 맡기면서 "내 양을 먹이라. 내 양을 치라"고 하셨던 것처럼 오늘날도 모든 목회자를 향해 똑같이 명령하십니다.

책을 옮기면서 이 시리즈가 이러한 명령에 답하는 목회자들의 영적 충전소 역할을 하고, 한국의 목회 현장을 기름지게 할 수 있을 것이라는 확신을 얻었습니다. 이 또한 주님의 큰 은혜가 아니겠습니까?

마지막으로 부르심을 입은 모든 목회자들의 다이나믹한 목회를 누구보다 원하시고 도우시는 주님께 영광을 돌리고 싶습니다. 그리고 한국교회에 밀려올 새로운 부흥의 물결을 기대해봅니다.

-고영민 . 김기원-

Contents 목차

이 책은 목회적 돌봄(pastoral care)이라는 말의 의미에 대한 접근과 이해를 나타내려는 시도이다. 22년 동안이나 '목사'로 불려 왔지만 그 동안에 목회적 소명의 실체를 알기는 어려웠다. 그것은 감당하기 어려운 소명인 동시에 숭고하고도 거룩한 것이다. 내 경우에, 목사로 섬기라는 소명은 성경의 진리와 교회 생활의 체험에 의해 형성되었다. 나는 하나님께서 나를 그분의 교회의 목사가 되도록 부르셨다는 사실로 인해 매우 기뻤다.

웹스터 사전에 의하면, 역동적이라는 말은 '힘과 연관된, 원기 왕성한, 일반적으로 끊임없는 생산적 활동으로 특징 지워지는' 것으로 정의된다. 이 책은 역동적인 목회적 돌봄 – 사람들을 예수께로 인도하며 그분과의 관계를 양육시키기 위해 정기적으로 참여하는 활동 – 을 다룬다. '역동적'이라는 말은 헬라어 '뒤나미스'(dynamis)와 연관되는데, 그것은 '권능'을 의미한다. 따라서 목사로서 회중을 향해 성경이 말하는 역동적인 돌봄을 실천한다면, 하나님의 권능은 시간이 지나면 그러한 시도를 열매 맺게 하실 것이다.

이 책의 제목이 '역동적인 목회'이기 때문에 각 장의 제목들은 하나님이 정하신 때가 되면 열매를 맺을 지속적인 목회 활동의 일면을 보여줄 것이다.

오랜 기간 동안에 목회적 돌봄을 전혀 받지 못했거나 너무 적게 받아서 상처를 입은 개인이나 가족을 많이 보아왔다. 사랑하는 가족을 잃었을 때 목회적인 돌봄을 받지 못한 가정들은 교회에 다시는 출석하지 않겠다고 결심하기도 한다. 이미 과도한 짐을 지고 있기 때문에 더 많은 짐을 질 수 없다는 점에 대해 꺼림칙한 마음을 갖다가 지쳐 출석교회를 바꾸기도 한다. 율법주의에 지쳐 더 이상 감정을 억누르거나 고통을 감출 수 없게 된 그리스도인들은 정직하고 실제적인 태도를 지닐 수 없게 만드는 목회자들에게 좌절을 나타낸다. 이러한 성도들 중에서 어떤 사람들은 목회자가 진실한지 의심한다.

언젠가 나는 목사로서 분명히 실수한 적이 있었다. 하지만 하나님은 신실하셔서 죄를 용서해 주시고 하나님의 백성은 은혜를 베풀어 주었다. 나는 자신과 다른 사람의 실수를 통해 교훈을 얻으려고 힘써 왔다. 그렇다고 해서 완전함이나 궁극적인 지혜를 요구하는 것이 아니다. 이 책에서 제시하는 것은 성경에 근거한 것으로서 모진 시련의 체험을 통해 입증된 것이다.

나의 첫 목회지는 시카고 교외에 있는 작은 교회였다. 그곳에서 거의 6년 간이나 충실하고 은혜로운 성도들을 섬겼다. 15년 간 섬겼던 두 번째 목회지는 전원 주택지로부터 교외로 이전한 지역에 자리 잡은 교회였다. 그 교회는 특별주일예배를 신설하고, 시간 외에 봉사하는 부교역자를 둘 정도로 지속적인 성장을 누렸다. 지금 섬기고 있는 회중은 아이오와 주의 전원에 자리 잡은 교회로, 부임하기 이전까지 지속적인 감소를 경험하고 있었다. 이곳에서 경험한 역동성은 일찍이 다른 곳에서 경험한 것과 확실히 달랐다.

교회의 상황과 역사에 관계가 없음에도 불구하고 목회적 돌봄에는 여러 가지 기본적 역동성이 포함된다는 사실을 발견했다. 하나님의 백성은 보호와 양육이 필요한 양이다. 지혜와 격려가 필요한 하나님 나라의 군사이기도 하다. 또한 비와 햇빛과 잡초를 뽑아 주는 일이 필요한 주님의 정원이다. 그들은 하나님의 가족으로서 때로는 조화를 경험하며 때로는 불화를 겪기도 한다. 성도들은 주 예수를 영화롭게 하기 위해 세워진 교회를 형성하는 요소들이지만 때로 이 구성 요소들은 건축자이신 예수 그리스도에게 협력하지 않기도 한다. 목사는 이러한 성경적 이미지를 알고 그 이미지에 근거하여 행동해야 하지만 성도를 돌봄에 대해 가르쳐주는 가장 뛰어난 이미지는 양과 목자의 이미지이다. '목사' 라는 단어는 '목자' 를 의미한다. 목사는 양무리를 보살피고 이어 목자장이신 예수 그리스도께 인도해야 한다(벧전 5:2-4).

목사가 어떻게 양무리를 성경적인 방식으로 돌볼 수 있는가? 이제 그 가능성을 함께 탐구해 보자.

제1장
소명을 구체화하기

Clarifying the Call

목자이신 하나님은 그 분의 종된 지도자들에게 목자가 되라고 명하신다.
영적 목자는 자신이 돌보는 사람들 각자의 가치와 정체성을 긍정하고
선한 목자이신 예수에게로 인도하여 그 분과의
건전한 관계를 형성하도록 도와주어야 한다.

1장
소명을 구체화하기

많은 기독교적 지도력이 건전하고 친밀한 관계를
개발하는 법을 알지 못하는 사람들에 의해 사용됨으로써
권력과 지배를 위한 지도력으로 변질되고 있다.
— 헨리 J. M. 나우엔 〈예수 이름으로〉
"하나님이 자기 피로 사신 교회를 치게 하셨느니라"
(행 20:28).

얼마 전에 목회 관련 잡지를 읽으면서 어떤 대형교회의 부교역자를 구하는 광고를 본 적이 있다. 관심을 끈 부분은 직무 내용 설명서였는데, 영적인 설교 능력과 세속적인 경영 능력을 강조하고 있었다. 그 교회는 하나님께서 결합시키려 하신 것을 분리시키려 하고 있었다. 훌륭한 경영이란 훌륭한 설교만큼이나 영적 특성을 지닌 것이어야 하기 때문이다.

목회를 시작하던 때에, 목자 이미지는 나의 정체성과 소명에 대한 이해를 구체화시켜 주었다. 오늘날 발간되는 많은 목회 관련자료들과 회의에서 직접보고 듣는 목사에 대한 이미지는 목자와는 다른 모델에 근거를 두고 있는 것으로 보인다. 새로운 유형의 목회는 경영분야를 닮아 목사를 전문경영자로, 교회를 기업 조직으로 바꾸어 놓고 있다. 기독교 도서, 설교를 녹음한 테이프와 비디오는 교회를 하나의 사업으로 묘사하며 목사를 단체의 행정 책임자로 강조한다. 세계적인 명성을 지닌 설교자는 목회에 대해 CEO적(최고경영자) 접근을 따르고 있다.

교회를 가리키는 표현조차 사업 용어에 오염되어 있어서, 교회가 '시장'이라는 용어로 이해된다. 따라서 그 자체의 논리, 즉 시장 논리에 따라 추진되어야 한다고 보는 것이다. 세미나는 교회의 생산품인 성숙한 제자들을 가리킨다. 제조되는 제자들이라는 이러한 개념은 기계적인 시장 유형을 이용하고 있는 것으로 보인다. 하지만 제자의 성장 모형은 실제로 유기적 유형 – 한 단계에서 다음 단계로 발전하는 영적인 삶 – 을 따른다. 목회자는 사람을 보살피고 있으므로 어떤 공식에도 따르지 않는다. 삶은 복합적인 동시에 때로 혼란한 것이기도 하다.

겉모양에 대한 관심은 오늘날의 문화를 지배하고 있기 때문에 목사들도 그러한 관심에 영향을 받고 있다. 미국 문화는 목사들에게 기업의 임원들이 사원 가운데 일치감과 사기를 북돋우기 위해 사용하는 것과 같은 방식으로 고통스런 감정을 달래주기를 원한다. 하지만 문화는 진리를 선포하고 죄를 꾸짖는 사역에 저항한다. 목사로서의 역할을 최소화시키는 동시에 경영 관리자로서의 능력을 강조함으로써 바람직한 리더십에 대한 문화의 이미지에 굴복하는 행위는 목회자들을 위험한 영역으로 몰아 넣는다.

유진 피터슨(Eugene Peterson, 캐나다 리젠트대학의 교수로 영성분야의 대가 – 역자 주)이 들려주는 목사에 대한 경고를 숙고해 보라. "잠시일지라도 내가 속해 있는 문화가 나에 대해 내리는 정의를 받아들인다면 나는 순진한 사람이 될 것이다."[1]

목사에 대한 문화적 인식이 목사의 임무를 지배해서는 안되지만 성도들이 목회자를 보는 법은 관심 문제가 되어야 한다. 현대인들은 양무리와 목자에 대해 거의 알지 못한다. 어떤 교회의 제직들은 목사로 하여금 포춘(Fortune)지(紙)가 선정하는 세계의 500대 기업의 회장처럼 사고하고 역할을 담당하라고 주장한다.[2] 호주에서 온 관광객에게 한 일본 사업가가 들려준 말을 생각해 보라. "절의 스님들을 만날 때마다 나는 성자를 만납니다. 하지만 교회의 목사님들을 만날 때마다 경영 관리자를 만납니다."[3] 교회의 리더십에 대해 현대문화의 처방을 도입하도록 허용하기보다는 교회 성도들이 인식을 바꾸어 자신들을 하나님의 양무리의 일부로 보고, 목사를 목자로 이해하는 훈련을 받아야 한다. 그런 결과를 얻기 위해서 목회자는 자신이 목자라는 점을 인식하며 목사의 사역을 감당해야 한다. 그렇지 않으면 "우리는 실제적인 문제에 대해 더 이상 영적인 대답이 필요 없다."[4]

다음과 같은 질문에 답해 보자.

> · 우리가 속해 있는 문화는 목사를 어떻게 이해하는가?
>
> · 교회는 목사를 어떻게 이해하는가?
>
> · 목사들은 자신에 대해 어떻게 생각하는가?

목회자들은 자신과 자신의 소명에 대한 인식이 문화적인 것이 될지, 혹은 성경적인 것이 될지를 먼저 결정하지 않으면 안된다.

성경적인 유형

하나님은 목자들에 대해 특별한 호의를 가지고 계신다. 아벨은 하나님께서 그의 제물을 열납하실 정도로 순종하는 목자였다. 하나님은 이스라엘을 해방시킬 자가 필요할 때 모세에게 양떼를 돌보도록 40년 동안 훈련시킨 다음에 이스라엘 백성을 돌보는 책임을 맡기셨다. 사울이 이스라엘의 왕으로서 하나님을 따르는 데 실패하자, 양치는 소년 다윗을 이스라엘의 왕좌에 앉도록 선택하셨다. "저가 그 마음의 성실함으로 기르고 그 손의 공교함으로 지도하였도다"(시 78:72).

성경이 정치 지도자에게 부여하는 최고의 호칭은 '목자'이다. 그와 같은 용례의 근거는 하나님을 목자로 표현한 데서 확인된다. "주는 나의 목자시니"(시 23:1). 목자 이미지가 하나님에게 적용된 실례는 야곱이 자녀들을 축복하는 기도 속에서 최초로 나타난다. 야곱은 고난을 견뎌낸 요셉의 능력을 "야곱의 전능자의 손을 힘입음이라 그로부터 이스라엘의 반석인 목자가 나도다"(창 49:24)라고 선언한다. 이스라엘은 기도를 통해 하나님을 목자로 고백하는 법을 알고 있었다. "이스라엘의 목자여 귀를 기울이소서"(시 80:1).[5] 선지자 이사야가 목자 이미지를 하나님께 적용한다. "그는 목자같이 양무리를 먹이시며 어린양을 그 팔로 모아 품에 안으시며 젖먹이는 암컷들을 순순히 인도하시리로다"(사 40:11).

신약에서 예수는 "큰 목자"(히 13:20)와 "영혼의 목자와 감독"(벧전 2:25)으로 불리운다. 예수께서는 자신을 "선한 목자"(요 10:11,14)라고 밝히면서, 구원사역이 양무리를 돌보는 목자의 일이라는 것을 확증해 준다. 하늘에 대해 묘사하면서 요한은 "보좌 가운데 계신 어린양이 저희의 목자가 되사"(계 7:17)라고 말한다. 우리가 드리는 예배는 영광 중에 계시며, 죄없이 희생 제물이 되신 아름다운 목자에게 향하게 될 것이다.

구약시대에는 '목자'라는 칭호가 종교 지도자와 백성의 지도자에게 적용되었다. 다윗이 왕으로 즉위했을 때 하나님께로부터 받은 그의 임무는 이스라엘의 목자(삼하 5:2)가 되는 것이었다. 이 구절은 하나님이 양무리에 대해 관심을 가지고 있으며, 목자들이 그분의 방식에 따라 행하기를 기대하고 있음을 보여준다. 에스겔 34장은 개인적인 이익을 위해 자신의 지위와 하나님의 백성을 이용하는 이스라엘의 영적 지도자와 정치 지도자들(목자)을 향한 논쟁이다. 하나님은 거짓 목자들을 심판하시고 그분의 양무리를 친히 돌보실 것을 약속하셨다. 예레미야는 하나님의 양무리를 기르는 목자로 부름받았으나 주의 말씀에 순종하는 데 실패한 자들을 향해 유사한 심판이 있을 것을 반복하여 말한다(렘 23:1-4, 25:34-38).

에베소 교회의 장로들에게 남긴 바울의 위탁은 "하나님의 교회의 목자가 되라"는 것이었다(행 20:28). 여기에 목자의 소명과 사역을 목자 주제로 바꾸어 요약하고 있는 바리새파 출신의 장막을 만드는 사도 바울이 있다. 그는 이어서 흉악한 이리가 나타날 것이라고 경고한다(29절). 바울이 에베소라는 도시문화의 중심지 출신의 고도로 세련된 장로들에게 일부러 목자, 양무리, 이리에 대해 말하는 것은 의미심장하다.

예수님께서 베드로에게 부탁하신 것은 그분의 양무리를 돌보라는 것이었다(요 21:15-17). 베드로는 예수님께서 "사람을 낚는 어부"(마 4:9)로 삼기 위해 고기잡이배와 그물로부터 취한 제자였다. 베드로에 대한 마지막 부탁으로서 기록되어 있는 그 구절 속에서 예수님은 베드로가 양무리를 돌봄으로써(목자) 사람을 낚는 어부가 될 것이라고 말씀하신다. 베드로가 그 메시지를 받아들였다는 사실은 그가 쓴 첫번째 서신에 목자 이미지를(어린양, 양, 양무리, 목자)를 두 번(벧전 2:25, 5:2- 4) 인용한 데서 알 수 있다. 예수님의 제자가 되기 전에 그가 받은 훈련과 경험에 근거하여 베드로가 그의 서신에서 고기잡는 이야기를 늘어놓으리라고 기대할 수 있다. 하지만 베드로는 고기잡는 이야기 대신에 독자들을 목자의 사역으로 안내한다.

양으로써의 하나님의 백성

하나님과 그분이 위임하신 종들을 목자로 표현하는 것 외에 성경은 하나님의 백성을 양으로 나타낸다. 하나님의 백성을 양으로 언급하는 최초의 사례는 숙련된 목자였던 모세에게서 발견된다. 민수기 27장 17절에서 모세는 자신을 "여호와의 회중으로 목자없는 양과 같이 되지 않게 해 줄" 이스라엘의 한 지도자로 바꾸어 주실 것을 구한다. 다윗도 이스라엘 백성을 양으로 표현한다(삼하 24:17). 시편 44편에서 고라 자손은 하나님이 그분의 백성을 먹힐 양과 같이 열방 중에 흩으셨다고 탄식한다. 아삽은 유대백성을 "주의 기르시는 양" 으로 소개한다(시 79:13, 100:3). 이리저리 헤매는 양의 습성은 이사야서 53장 6절에서 인간 중심의 죄악된 경향에 적용된다. "우리는 다 양 같아서 그릇 행하여". 예레미야는 "내 백성은 잃어버린 양떼로다" (렘 50:6)라고 말했고 예수님은 그 주제를 잃은 양의 비유로(눅15:1-7) 발전시켰다.

마태는 무리가 "목자없는 양과 같았으므로" (마 9:36) 예수님께서 돌보시는 백성들을 민망히 여기셨다고 말하고 있다. 하나님의 백성은 양과 같아서 그들을 이끌어 줄 인도자가 필요하다. 목자가 없다면 양들은 길을 잃고 고통 중에 죽게 될 것이다. "의의 길"(시 23:3)은 하나님의 백성이 가야할 길이지만, 너무나 많은 경우에 그들은 불의한 길을 가고 있다.[6] 한 마리의 양이 무리에서 떨어져 헤맬 때 진정한 목자는 그 양을 발견할 때까지 찾아다닌다(마 18:12-14; 눅 15:1-7). 한 마리 양의 가치는 양무리에게 데려올 때까지 목자가 시간과 힘을 쏟을 만큼 소중하다. 잃은 양을 찾는 목자는 잃은 사람을 찾는 하나님의 열정을 나타내기 위해 복음서에 두 번 사용된다(마 18:12-14; 눅 15:1-7).

양은 지능이 높지 않다. 언젠가 경험이 많은 나의 친구는 "양은 어리석기 짝이 없다."고 말했다. 언젠가 양이 얼마나 생각없이 서로를 따라 행동하는지를 보여주는 농부를 만난 적이 있다. 그는 양을 여러 마리 데리고 있었는데, 첫째 양에게 그가 쥐고 있는 막대기 위로 뛰어 넘게 하자 두 번째 양도 막대기 위를 뛰어 넘었고, 세 번째도 똑같이 행동하는 것이었다. 네 번째 양과 다섯 번째 양 차례가 되어서는 막대기를 치웠는데도 여전히 뛰어넘었다고 한다.

사람은 양보다 지능이 높음에도 불구하고 하나님의 백성은 그들을 돌볼 목자를 필요로 한다. 이 말은 목자가 언제나 양보다 지혜롭다는 것을 의미하지는 않는다. 왜냐하면 목사도 양이기 때문이다! 그러므로 우리 하나님의 백성은 얼마나 양과 닮았는가?

매년 열리는 4H클럽 품평회에 내어놓기 위해 양을 키우고 있는 많은 젊은 친구들을 알고 있다. 그들은 언제나 양들을 고유의 이름으로 불렀다. 예수님은 목자가 "자기 양의 이름을 각각 불러 인도하여 낸다."고 말쏨한다(요 10:3).

언젠가 소아과 병동의 산소 커텐 안에 있는 작은 소년을 지켜보며 근심에 잠긴 한 어머니와 함께 있었던 적이 있다. 의사 한 명과 여러 명의 의대 수련생들로 이루어진 일단의 내과의사 팀이 그 방으로 들어왔다.

"이 경우는 매우 흥미있는 사례(Case)이지. 이러한 사례는 고열과 함께 시작되는데 – ." 의사가 말하기 시작했다. "그 애 이름은 라이언이에요!" 아이의 어머니가 단호한 음성으로 말했다. "실례하지만, 무슨 뜻입니까?" 의사가 물었다.

"당신은 두 번이나 내 아들을 '사례' 라고 표현했는데, 그 애는 결코 하나의 사례가 아닙니다. 이 애는 어린 소년이고 이름도 가지고 있어요." 라이언의 어머니가 대답했다.

영적인 목자는 자신이 돌보는 사람들 각자의 가치와 정체성을 긍정한다.

양은 먹이가 필요하므로 목자의 일에는 기름진 초장을 찾는 것이 포함된다. 양은 먹는 장소를 가리지 않고 기름진 풀과 독이 없는 잡초를 먹을 것이다. 양을 키우는 어떤 농부는 양이 먹기를 그쳐야할 때를 언제나 아는 것은 아니라고 말했다. 다른 초장으로 옮겨다니며 열심히 게걸스럽게 먹는 것이 더욱 심각한 문제라는 것이다. 또한 양들은 급히 흐르는 물에 빠져 익사하지 않도록 잔잔한 물가로 인도해 줄 필요가 있다(시 23:2).

양은 무방비 상태이므로 보호가 필요하다. 삯꾼은 위험이 닥치면 피하므로 구분할 수 있다고 예수님은 말씀한다. 진정한 목자는 양무리의 적과 싸운다. 다윗은 양을 보호하기 위해 사자와 곰과 싸웠다(삼상 17:34-37). 예수님은 양을 위해 생명을 내놓았다(요 10:11).

방목하거나 다른 초장으로 이동하는 도중에 양은 상처를 입을 수 있다. 돌, 나뭇가지, 벌레, 뱀이나 다른 양들이 상처를 줄 수 있다. 성경시대의 목자는 밤마다 숫양, 암양, 어린양을 하나씩 살펴보았을 것이다. 찢어진 상처나 타박상을 발견하면 당시의 응급처치법에 따라 상처 부위에 기름을 발랐을 것이다(시 23:5). 양은 치유기술과 실제에 능숙한 목자를 필요로 한다. 육체적 상처가 아니라 보다 깊은 영혼, 마음과 기억, 정서와 양심의 상처가 치유를 받아야 한다.

목자이신 하나님은 그분의 종된 지도자들에게 목자가 되라고 명하신다. 하나님은 교회를 그분의 양무리로, 백성 한 사람 한 사람을 그분의 양으로 보신다. 이것이 목자의 사역과 목회를 나타내는 유일한 이미지는 아니지만 지배적인 이미지라고 할 수 있다. 영적 목자는 사람들을 선한 목자이신 예수에게로 인도하여 그분과의 건전한 관계를 형성하도록 도와 주어야 한다.

그러면 영적 목자의 사역을 어떻게 이해하는가? 그 문제를 생각해 보라.

제2장
양무리를 보살피기

Shepherding the Flock

목자는 양들을 위해 자신을 희생할 각오를 하지 않으면 안된다.
자신의 고매한 인격 때문이 아니라 양무리가 그처럼 소중하기 때문이다.
목자는 때로 더 적은 양무리를 돌볼지라도 양무리가 흩어지지 않도록 인도해야 한다.
양을 개별적으로 돌보는 동시에 양무리 전체를 살펴야 하는 것이다.

2장
양무리를 보살피기

"세 번째 가라사대 '요한의 아들 시몬아 네가 나를 사랑하느냐?'

하시니 주께서 세 번째 '네가 나를 사랑하느냐' 하시므로 베드로가

근심하여 가로되 '주여 모든 것을 아시오매 내가 주를 사랑하는 줄을 주께서 아시나이다'

예수께서 가라사대 '내 양을 먹이라'"

(요 21:17).

"너희는 자기를 위하여 또는 온 양떼를 위하여 삼가라 성령이 저들 가운데 너희로 감독자

를 삼고 하나님이 자기 피로 사신 교회를 치게 하셨느니라"

(행 20:28).

"너희 중에 있는 하나님의 양무리를 치되 부득이함으로 하지 말고

오직 하나님의 뜻을 좇아 자원함으로 하며 더러운 이를 위하여 하지 말고

오직 즐거운 뜻으로 하며 맡기운 자들에게 주장하는 자세를 하지 말고

오직 양무리의 본이 되라 그리하면 목자장이 나타나실 때에

시들지 아니하는 영광의 면류관을 얻으리라"

(벧전 5:2-4).

영적 양무리를 치는 사람들에게 하나님이 기대하시는 것은 무엇인가?

무엇보다 목자들 자신도 양이라는 사실을 인정하고 받아들이는 것이다. 목사는 하나님의 양무리에 속한 대리 목자(목자장이신 주님을 대신하는)이다. 양무리의 특징을 이루는 습성과 욕구는 동시에 목자들의 특징이기도 하다. 목사들 한 사람 한 사람은 하나님의 은혜로 구원받은 죄인이다. 사자나 오만한 자나 강력한 자가 결코 아니다. 의존적이며, 연약하며, 방황하기 쉬운 존재이다. 우리를 돌보시는 선한 목자되신 예수님을 의지해야 하는 양이다. 따라서 선한 목자의 돌보심을 체험하는 만큼 목사들은 양무리를 돌볼 수 있다.

목사의 과제

목사는 언제나 자신이 양을 돌보는 존재임을 기억해야 한다. 그러므로 목사의 과제를 완성하는 일에 착수해야 한다.

양육

균형과 건전한 식단을 제공하는 것은 중요한 보살핌의 과제이다. 하나님의 백성은 그분의 말씀으로 양육되어야 하므로 목사의 선포는 예수 그리스도에게 집중되어야 한다. 그 식단이 하나님의 말씀에서 나올 때 양무리는 고기(히 5:14), 젖(벧전 2:2), 꿀(시 119:103)을 얻는다. 하나님의 말씀만으로도 건강한 회중을 양육하고 만족시키는 데 충분하다.

여러 해에 걸쳐 설교하는 동안 목사는 주요 교리와 훈련 주제에 대한 강조와 함께 구약과 신약의 광범위한 부분을 양무리들에게 제시했을 것이다. 마실 물은 성령에 대한 묘사이며(요 7:37-39), 하나님의 말씀은 성도를 깨끗하게 하는 물이다(엡 5:26). 성경적 설교란 성령의 기름부음을 받아 그리스도를 높이는 설교로서 목사의 목표가 된다. 성경 교육, 전도에 의한 성장, 선교에 대한 열정은 교회가 바른 식단에 의해 양식을 공급받고 있음을 보여주는 지표이다.[1]

보호

거짓 교훈과 양의 가죽을 쓴 이리로부터 양무리를 지키는 것은 21세기의 초에 결코 쉬운 과제가 아니다. 하지만 선택의 여지가 없이 목사는 주어진 양무리를 이리로부터 지켜야 한다(요 10:11-13, 행 20:29). 이 일에는 진리를 선포하는 것과 그릇된 것에 대한 경고가 포함된다.

때로 양을 그들 자신의 무리로부터 보호해야 할 때도 있다. 또한 일로 인해 아내와 자녀와 함께 해야 할 시간을 희생하는 남편을 보면 그에게 경고해 주어야 한다. 불신자와 사랑을 나누고 있는 미혼자를 보게 되면 믿지 않는 자와 멍에를 같이 하는 것에 관해 일깨워 주어야 한다(고후 6:14). 옳은 것을 가르침과 동시에 양무리에게 타종교의 제물이 되는 것을 막기 위해 그릇된 것에 대해서도 인식시켜야 한다.

찾아나섬

한 마리의 양이 무리에서 떨어져 이리저리 헤매고 있을 때 목사는 그 길 잃은 양을 찾으러 길을 떠나 데려와야 한다. 에스겔 34장에서 하나님이 지도자들에 대해 진노하신 이유 중의 하나는 쫓긴 자를 돌아오지 않게 하거나, 잃어버린 자를 찾지 않았기 때문이다(4절). 대개 양무리가 교회를 떠나기 전에는 어떤 징후가 나타나기 마련이다. 예배 드리는 동안에 강단으로부터 멀리 떨어져 가능한 한 뒤쪽에 앉기 시작한다. 사소한 일에 대해 비판하며, 하나님의 백성들과 함께 있기를 거부할 근거를 찾는다. 마침내 예배에 참여하지 않음으로써 눈에 띄게 된다. 선한 목자는 직장이나 가정을 심방하거나 전화를 걸다가 이 실제적인 문제를 밝혀낸다. 그 성도나 그의 가정이 회중에게 다시 돌아온다면 그처럼 좋은 일이 없을 것이다. 그들이 다른 양무리에 참여하는 것은 그들의 선택에 달려있다. 진정한 목자는 그 사람이나 그의 가족으로 하여금 자신들이 길을 잃었으며, 그들에게 모든 문제를 논의할 기회가 주어져 있음을 깨닫게 하고 최대한 친밀한 관계를 유지한다. 그와 같이 하면 누가복음 15장 1-7절에 나오는 주님의 본을 따르게 된다.

희생

"선한 목자는 양들을 위하여 목숨을 버리거니와"(요 10:11)라고 말씀하시면서 예수님은 자신이 십자가에 달려 죽을 것을 가르쳐 주었다. 목자는 양들을 위해 자신을 희생할 각오를 하지 않으면 안된다. 자신의 고매한 인격 때문이 아니라 양무리가 그처럼 소중하기 때문이다. 또한 양무리가 속해 있는 예수님을 위하여 그와 같은 준비를 하는 것이다.

양무리는 결코 그들을 위한 목사의 희생을 이해하지 못할 것이다(적어도 목사가 스스로 밝혀서는 안되기 때문이다). 한밤중에 병원 응급실에 실려간 성도를 찾아보는 일, 새벽에 사랑하는 가족의 임종을 맞은 성도 가정을 심방하는 일, 그리스도를 존귀케 하려는 설교 작성을 위해 성경을 붙잡고 씨름하는 일, 배우자와의 갈등으로 인한 가정 상담, 교통사고로 자녀를 잃은 부모와 함께 슬퍼하는 일, 계획에 따라 맡은 과제를 감당할 수 없는 장로를 도와 공동으로 작업하는 일, 인내심을 가지고 만성적인 불평꾼의 이야기를 들어주는 일, 회중이 주차장 설비(혹은 카펫, 난방시설)에 대해 최종적인 결정을 내릴 때까지 여러 달 동안 기다리는 일, 밤을 새워가며 긴급건축위원회 모임에 참석하는 일, 부족한 사례비를 가지고 생활하는 일, 예배음악 유형에 대해 불평하는 장황한 이야기를 다시 듣는 일, 성도의 긴급수술로 인해 사모와의 결혼 기념 축하를 연기하는 일, 죄를 포기하지 않는 성도를 위해 눈물로 기도하는 일, 성도의 장례예배를 집례하기 위해 휴가 기간을 남긴 채 서둘러 돌아오는 일, 모든 집회가 끝나고 성도들이 돌아간 후에 불을 끄고 문을 잠그는 일, "목사님은 일주일 중에 하루만 일하시지요. 그렇죠?" 라고 물을 때도 온화한 미소로 대하는 일 등은 모두 희생이 필요한 일이다. 그런데 내 경험을 볼 때 그리스도의 양무리를 위한 목사의 희생은 그만한 가치가 있다. 그리스도께서 넘치도록 갚아주시기 때문이다.

목사를 대상으로 한 집회가 열리는 동안 도서진열대를 지나가다가 어떤 대화의 일부를 본의 아니게 듣게 되었다. "이제는 우리 교회 예배에 참석하는 사람들 대부분을 알 수가 없어. 내가 아는 사람이라고는 함께 계획을 세우고 교회프로그램을 평가하기 위해 만나는 장로들이나 각기관 임원들 뿐이야."

진정한 목자는 자기의 양무리를 알고 양의 이름을 각각 부른다(요 10:3). 전체가 50명인 회중 속에서 그들의 이름을 각각 아는 것은 그리 어렵지 않을 것이다. 하지만 여러분이 200명의 회중이 출석하는 교회에 새로 부임한 목사라면 마음의 컴퓨터에 더 많은 램(RAM, 컴퓨터의 기억 장치)을 설치하고 싶다고 생각하게 될 것이다. 돌보는 회중의 이름을 인식하고 기억하고 사용하는 일은 목자가 그들을 개별적으로 알고 있다는 사실을 전해주는 가장 중요한 방식의 하나이다.

그러나 양을 아는 것은 단지 그 이름을 아는 것보다 중요한 측면을 포함하고 있다. 양을 아는 것은 그들의 개별적 특성(충동적이거나 인내심이 부족한 예술가 혹은 기술자), 성격(정직한, 충성스러운, 의심이 많은, 뽐내는), 영적 은사, 억압받을 때 나타나는 반응, 지도자에게 배우고 따르려는 자발성, 돈을 다루는 능력을 알 수 있을 때까지 함께 지내는 것을 의미한다. 이러한 개별적인 양과 양무리에 대한 철저한 인식은 빈번한 상호작용과 오랫동안 함께 지냄을 통해서만 이루어진다.

교회직원 후보자를 선정하거나 주일학교 교사를 세울 때 목사에게 지혜를 주는 것은 이러한 수준의 양무리에 대한 인식이다. 양과 많은 시간을 함께 지낸 다음 그러한 시간을 통찰로 승화시킨 목자는 하나님의 사역을 하는 데 개인과 단체를 효과적으로 배치할 수 있다. 그러나 주의해야 할 점이 있다. 목자가 양을 더 많이 알아갈수록 양들도 목자를 잘 알게 된다는 것이다.

모범적인 성실

사람들은 누군가를 우러러보기 원한다. 목사는 다른 사람들이 닮을 수 있는 사람이어야 한다. 하지만 올바른 모범을 제시하는 것은 중요한 책임이다. 이스라엘 왕으로서 다윗은 "마음의 성실함으로"(시 78:72) 이스라엘을 다스렸다. 성품은 목회사역의 토대가 된다. 성품을 가지고 있다는 것은 우리가 고백할 때 입술로 고백한 내용과 내면의 생각이 동일하

다는 것을 의미한다. '성실'(intergrity)이란 단어는 수학용어인 '정수'
(integer, 整數)와 연관되어 있다. 정수란 완전수를 의미한다. 성실은 부
분으로 나뉘지 않은 우리의 성격 전체를 가리킨다.

종교 지도자들과 정치 지도자들이 개인적 실패로 인해 곤경에 빠지는
경우가 너무 많다. 목자는 자신이 의지하여 사는 것보다 높은 수준을 양
들에게 주장할 수 없다. 그는 어려운 질문을 던질 뿐 아니라 개인적인 생
각과 행위의 책임을 목자에게 돌리는 사람들을 그의 삶에 필요로 한다.
신분을 감출 수 없는 목사들은 복이 있다. 양을 위해서 목자들은 거룩해
야 한다.

관리

목자의 온유를 목회과제의 중심으로 밝힌다고 해서 관리자의 능력을
불필요하다고 말하는 것은 아니다. 사실은 그와 완전히 반대이다! 모세
는 자신이 조직화될 필요가 있으며 그렇지 않으면 소진될 수밖에 없다는
것을 재빨리 인식했다(그의 장인 이드로와의 만남 부분을 출 18:13 -26에
서 읽으라). 팔레스틴의 목자들은 기름진 초장과 물을 찾은 다음 그 지역
에 이르는 안전한 통로를 점검한다. 그리고 나서 양무리를 그곳으로 인도
한다.

역동적인 돌봄에는 훌륭한 행정능력과 조직능력이 요구된다. 시편 78
편은 이스라엘을 돌보는 다윗 왕의 관리능력을 "그 손의 공교함으로 지
도하였도다"(72절)라고 말하고 있다. 영적 목자는 정보를 평가하고, 계
획을 세우고, 유능한 사역자를 채용하고, 자원을 획득하고, 결정하며, 계
획을 완성으로 이끈다. 다윗은 그러한 모든 일에 능했다. 모든 목사가 유

능한 행정능력을 지닌 것은 아니지만 각자 자신의 관리능력을 개선하며, 양무리를 잘 보살피는 데 필요하면 다른 사람에게 도움을 받을 수 있어야 한다.

치유

삶의 상처는 다양한 방식으로 얻게 된다. 여기에는 몰인정, 욕설, 죽음, 이혼, 실직, 도덕적 실패, 하나님으로부터의 도피, 육체적 죄에 대한 경고를 무시하는 것, 집이 강도에게 털리는 것, 친밀한 친구들과 공동체에서 멀어지는 것, 교회 분열을 목격하는 일 등이 포함된다. 이 모든 일들은 아무는 데 시간이 걸릴 상처를 남긴다. 고등학교 졸업이나 결혼과 같이 삶의 정상적이며 건전한 삶의 변화조차도 연결하는 끈을 자르는 사건이 된다.

양무리 안에 있는 성도들 한 사람 한 사람을 인식하고 있는 목사는 얼굴만 보고도 그에게 어떤 문제가 있음을 알 수 있는 경우가 많다. 하지만 감정을 거의 드러내지 않는 회중도 있으므로 그들이 관심을 필요로 하는 때를 분별하기는 더욱 어렵다. 나는 그러한 성도들에게 의논하고 싶은 문제가 없는지 다른 사람들이 알지 못하게 직접 묻는 경우가 많다. 그들이 그러한 문제는 없다고 말할지라도 내가 관심을 가지고 있다는 사실만은 알 수 있기 때문이다. 그들이 입을 열어 문제를 꺼내 놓는다면 귀를 기울이고 도와줄 것이다.

어떤 회개한 형제나 자매가 과거의 죄의 짐을 벗어 놓을 때 목사는 그들을 사죄와 은혜로 인도할 수 있다. 두 명의 성도가 서로에게 상처를 입힐 때 목자는 화평하게 하는 자로서 섬긴다.

나는 목사로서 한 말과 실천하지 않은 채 남겨둔 일 때문에 성도에게 상처를 준 경험이 여러 번 있다. 그럴 때마다 내가 상처를 입힌 성도를 찾아가 잘못을 고백하고 용서를 구해야 했다. 그와는 반대로 양들의 행동과 말에 의해 내 자신이 상처를 받은 경우도 있었다. 그럴 때면 그것을 받아들인 다음 작은 문제로 여김으로써 극복하는 경우가 많았다. 양무리를 잘 돌보는 목사들은 모두 상처받은 치유자일 것이다.

에스겔을 통해 하나님은 치유 사역을 전개하지 않은 목자들을 꾸짖으셨다. "연약한 자를 강하게 아니하며 병든 자를 고치지 아니하며 상한 자를 싸매어 주지 아니하며"(겔 34:4). 목자들은 양들에게 영향을 주는 질병을 알고 그러한 병이 옮기는 상처를 인정하고 치료에 영향을 주는 모든 영적 자원을 사용해야 한다.

사랑

아기 예수 등장인물 세트(나의 조카 중 하나가 예수의 탄생 장면을 가리키는 명칭) 가운데에는 팔다리를 축 늘어뜨린 어린 양 한 마리를 품에 안고 있는 목자 인형이 포함되어 있다. 이 나무로 만든 인형의 모습은 목자이신 하나님께 대한 이사야의 표현에 꼭 들어맞는다. "어린 양을 그 팔로 모아 품에 안으시며"(사 40:11). 모든 양이 목자 가까이 머물기 원하는 것은 아니지만, 목사는 돌보는 양들과 친밀한 관계를 누리고 싶어해야 한다. 그러한 친밀함은 오랜 기간에 걸쳐 함께 걸어온 여정의 결과이다. 양들을 개별적으로 뿐만 아니라 전체적으로도 사랑하고 있음을 행동으로 보여 주어야 한다. 하지만 행위만으로는 충분하지 않다. 또한 그들을 사랑한다고 말해 줄 필요가 있다.

인도

목자는 "젖 먹이는 암컷들을 온순히 인도" 한다(사 40:11). 연약하거나 상처 입은 양들의 필요를 고려하며 양들 각자의 한계와 능력을 알고 양무리가 유지할 수 있는 걸음의 속도를 정하는 것은 지혜로운 목자의 특징이다. 양무리가 완전히 쉬어야 할 경우가 있으면 목자는 계획을 잠시 중단하고 모임도 취소해야 한다. 어떤 때는 양무리가 활기차게 움직여야 하므로 목자는 걸음의 속도를 정해 주어야 한다. 인도는 목표를 가지는 것을 의미하므로 목자는 양무리에게 적합한 성경적 비전과 성경적 목회영역을 개발해야 한다. 동시에 잊지 말아야 할 점은 양을 인도하는 것과 모는 행위 사이에는 차이점이 존재한다는 것이다. 인도는 기꺼이 따르는 것을 의미하지만 모는 행위는 저항을 나타낸다.

일치

요한복음 10장에서 예수는 양을 강조하며 복수형태를 사용한다. 같은 무리에 속한 양무리에 대해 말씀하는 것이다. 목자는 양무리가 흩어지지 않도록 유지할 책임이 있다. 에스겔 34장에서 목자에 대해 제기하는 하나님의 논쟁을 다시 생각해 보라. 그 목자들은 양이 흩어지도록 방치했을 뿐 아니라 잃은 양을 찾거나 모으는 데도 실패했다. 목자는 때로 더 적은 양무리를 돌볼지라도, 양무리가 흩어지지 않도록 인도해야 한다. 목자는 양을 개별적으로 돌보는 동시에 양무리 전체를 살핀다. 대부분의 시간에는 양무리 전체가 한 마리 양보다 더욱 중요하지만, 양을 잃은 경우에 목자는 잃은 양 한 마리를 위해 아흔 아홉 마리 양을 남겨두고 찾아나선다. 양무리가 나뉘거나 흩어진다면 목자는 일에 몰두할 수가 없다.

성경적 모범을 지키기

　브라운 목사는 15년 동안 한 교회에서 섬겨왔다. 그는 회중들과 확고한 관계를 형성하면서 그들의 삶에 많은 사랑을 쏟아왔다. 설교, 상담, 결혼식과 장례식을 통해 이루어지는 목회적 접촉을 통해 회중에 대한 그의 사랑이 전달되자 그들도 브라운 목사를 사랑했다. 교회는 더욱 큰 성장의 가능성을 지닌 채 서서히 성장해 갔다. 그 무렵에 회사의 중역으로 일하는 성도들이 교회 임원단에 선출되었는데 그들은 새로운 평가 기준을 적용하여 교회를 진단하였다. 그들은 교회가 매년 10%씩 고도 성장할 수 있는 잠재력을 지니고 있는데 불행히도 4-6%씩밖에 성장하지 못하고 있다고 생각했다. 그들은 브라운 목사에게 "목사님의 지도 유형은 목자로서는 탁월하시지만 저희 제일교회가 진정으로 원하는 것은 목장감독형 리더십입니다."라고 말했다. 그들의 평가 결과에 따라 자신의 리더십을 바꾸어 보려고 온 힘을 다하던 브라운 목사는 2년이 지나기도 전에 그 교회를 떠나고 말았다.[2]

　교회를 인도해야 할 목사가 목자가 아니라 기업의 간부일 때 어떤 일이 일어나는가?[3] 프로그램이나 행사를 솜씨있게 치르는 것이 예배와 주님을 섬기는 일을 대신하게 된다. 그 다음으로 역할의 혼동이 일어날 수 있다. 목사는 자신이 조직의 기술자인지 영혼을 돌볼 책임을 지닌 목자인지 구분하기 어려움을 느끼게 될 것이다. 그리고 나서 회중과의 만남이 사라지게 될 것이다. 미래학자 존 나이스빗(John Naisbitt)은 기술적으로 복잡한 삶이 되어 갈수록 사람들은 더욱 많은 타인과의 접촉을 필요로 한다는 원리를 밝힌 바 있다(하이테크 - 하이터치).[4]

목사는 회중과 함께 있어야 할 필요가 있다. 광범위한 회중과 목사와의 만남을 감소시키거나 제거하는 목회적 접근은 모두 성경적 목회에서 벗어난 것이다. 결론적으로 경영 관리적 접근으로 인해 길을 잃었다면 오랜 시간 동안 성도 개개인에 대해 지속적인 영적 영향력을 발휘할 기회가 있다. 모든 목사들은 주일 아침에 양무리들에게 하나님의 말씀을 전하는데, 그 말씀은 그들을 감동시킨다. 하지만 양무리들이 영적으로 변화되어 가는 사역의 대부분은 주중의 6일 동안, 다시 말해 개인과 소그룹과 함께 일하는 동안에 이루어진다.

목회사역의 목표는 사람들에게 예수를 소개하여 관계를 맺도록 도와주는 데 있다. 이러한 과제를 나타내는 가장 효과적인 은유는 양을 돌보는 목자의 은유이다. 목회적 돌봄은 프로그램이나 우선권이 아니라 사람을 만드는 것을 의미한다. 조직적 구조가 아니라 인격적 관계야말로 목사가 많은 시간과 노력을 쏟아야 할 부분이다. 목사는 최고 행정책임자가 아니라 목자라고 불려야 한다. 목사가 목자의 직무 내용설명서를 자기의 것으로 받아들이고 교회가 성도를 양무리로서 재정의함으로써 목자장이신 예수 그리스도의 교회에 대한 문화의 인식을 변형시킬 수 있다.

제3장
관계를 형성하기

Building Relationships

관계는 역동적이어서 성숙하기도 하고 쇠퇴하기도 한다.
때로는 관계가 깨어질 수도 있지만 하나님의 은혜로 회복될 수 있다.
따라서 관계의 변화를 인정하되 파괴되지 않도록 유지하는 것이 중요하다.

3장
관계를 형성하기

"내가 너를 지명하여 불렀나니 너는 내 것이라 …

너를 보배롭고 존귀하게 여기고 너를 사랑하였은즉 ……"

(사 43:1, 4).

"네가 나를 사랑하느냐"

(요 21:15, 16, 17).

삶이 관계에 둘러 싸여 있으므로, 목회사역은 관계에 – 그리스도와의 관계를 양육시키는 회중과의 관계 – 뿌리를 두어야 한다. 인격적 관계는 예수보다 앞선다. 예수는 때로 대규모의 청중을 대상으로 가르치셨음에도 불구하고 복음서는 개인과 소그룹과 예수의 상호작용을 가장 많이 보도하고 있다. 목사는 예수 그리스도의 모범을 따라야 한다. 그것이 새로운 과제나 프로그램보다 중요하다. 따라서 목회는 기초적 관계에 근거하여 세워진다는 것을 인식하고 믿고 실천해야 한다.

관계는 본질적이다

일생을 혼자 살 수는 없다. 어떤 사람들은 자급자족을 추구하여 자신의 손으로 키운 밀을 수확하여 가루로 빻아서 자신이 먹을 빵을 굽기도 한다. 하지만 빵가게에서 다른 사람이 만든 빵을 사면 얼마나 편리한가! 또한 그 빵을 가족과 함께 식탁에 둘러 앉아 나누어 먹으면 얼마나 즐겁겠는가! 하나님은 사랑, 돌봄, 주체성을 베풀 수 있는 각 가정에 아이들이 태어나게 하신다. 우정에 대한 욕구, 다른 사람과의 교제에 대한 갈망, 소속되고 싶은 욕구는 인간이 다른 사람과의 연결을 필요로 한다는 증거이다.

관계는 노력을 요구한다

어린 아이를 끊임없이 돌보며, 멀리 떨어져 지내는 친구와 정기적으로 하나됨을 유지하며, 결혼 생활을 가꾸는 데는 힘이 든다. 관계는 단지 두 사람이 "이제 우리는 친구야." 라고 결정함으로써 꽃피우는 것이 아니다. 관계는 대화할 시간과 체험을 나누는 것, 그리고 상당한 수준에 이르기까지 서로 알아가는 것이 필요하다. 주의깊게 귀를 기울이는 일, 지혜롭게 답변하는 일, 깊이 관심을 가지는 일에는 힘이 필요하다. 우리는 자신이 시간과 노력을 쏟아부을 관계를 잃어가고 있다.

관계는 깨어지기 쉽다

묘목에 오랫동안 물을 주지 않고 방치하면 곧 시들어 죽게 된다. 관계를 무시하면 그 진기한 꽃은 곧 시들고 말 것이다. 무성한 말이나 흘기는 눈은 건전한 관계에 손상을 입힐 수 있다. 그 꽃을 다시 피우기 위해서는 많은 배려와 상한 마음을 달래는 사랑 어린 돌봄이 필요할 것이다. 관계는 값을 환산할 수 없는 보물이므로 결코 함부로 다루어서는 안된다. 관심과 존중함으로써 다루어야 한다고 생각하라.

언젠가 포스터에 필요한 원을 그리기 위해 아내가 아끼는 크리스탈 잔을 사용한 적이 있었다. 그 크리스탈은 분명히 예술 작품의 하나는 아니지만 그것은 무분별하게 사용할 것이 아니라 관계처럼 조심스럽게 다루어야 할 어떤 것이었다.

관계는 소중하다

관계는 소중한 것이다. 각 사람이 하나님의 형상을 따라 지음받았으며 이 세상에서 함께 사는 시간이 제한되어 있기 때문이다. 매순간을 소중히 여기면서 각자의 대화와 체험에 맛을 내주어야 한다. 다른 사람을 호의적으로만 이해하는 것은 당연한 것으로 볼 수 없는 태도이다. 관계가 항상 좋은 것만은 아니기 때문이다.

목사로서 누군가를 공격하거나 상처를 입힐 수도 있다. 물론 무심코한 행위일 수도 있고 의도적일 수도 있다. 어느 쪽이든 간에 마태복음 5장 23-24절의 말씀대로 실천함으로써 사람과의 관계가 중요하다는 메시지를 보낼 필요가 있다. "그러므로 예물을 제단에 드리다가 거기서 네 형제에게 원망 들을 만한 일이 있는 줄 생각나거든 예물을 제단 앞에 두고 먼저 가서 형제와 화목하고 그 후에 다시 예물을 드리라."

사과하고 용서를 구할 수 있는 목사는 살아 있는 동안에 교회 공동체 안에서 건전한 관계를 유지하는 일의 중요성을 깨닫는다. 비록 양무리의 모든 지체가 기꺼이 용서하지 않을지라도, 목사는 겸손히 그러한 단절을 치유함으로써 성경적 관계 유형을 보여줄 수 있을 것이다.

관계는 다양하다

모든 관계는 같은 것이 아니다. 자녀와 부모 사이의 관계에서는 오랜 시간 동안 배운 후에야 멘토(조언자)가 된다. 하지만 결혼이라는 관계에서는 남편과 아내가 동등한 배우자이어야 한다. 어떤 관계는 편집 모임이나 스포츠같이 함께 하는 활동 속에서 점진적으로 이루어진다. 그 외의 관계는 영적인 문제나 정치적 문제에 대한 확신을 나눔으로써 한정된다. 어떤 관계는 일하는 데 국한되는 반면에 그 밖의 다른 관계는 삶의 모든 분야에 넘쳐흐른다. 어떤 우정을 지속시키는 데는 막대한 힘을 쏟아 넣을 필요가 있는 반면에 어떤 우정관계는 동시에 꽃을 피우기도 한다. 목사는 다양한 연령층에 속한 사람들과의 관계를 개발할 필요가 있다.

관계는 변화한다

일생의 단계마다 관계는 도전을 받아 변화된다. 어린이가 자라서 성

인이 됨에 따라 부모와 자녀간의 관계는 변화된다. 우정이 성숙함에 따
라 더욱 깊이 내려진 뿌리는 솔직함과 존중이라는 열매를 낳는다. 성실
성과 정직함에 대한 시험은 관계를 향상시키거나 끝이 나게 할 수 있다.
새로운 체험은 어떤 주제에 대해 문을 닫게 하거나 탐구에 대한 참신한
전망을 드러낼 수도 있다. 관계는 역동적이어서 성숙하기도 하고 쇠퇴하
기도 한다. 때로는 관계가 깨어질 수도 있지만 하나님의 은혜로 회복될
수 있다. 따라서 관계의 변화를 인정하되 파괴되지 않도록 유지하는 것
이 중요하다.

관계는 서로를 변화시킨다

부모는 일생동안 자녀를 가르친다. 어떤 친구들은 우리에게 상처를
남긴다. 어떤 사람들에게서는 피해야 할 것을 배운다. 어떤 사람들은 일
을 바르게 행하는 법의 모범을 보여준다. 다른 사람들과 관계를 맺을 때
우리의 인격과 시각이 형성되고 다듬어지게 된다. "철이 철을 날카롭게
하는 것같이 사람이 그 친구의 얼굴을 빛나게 하느니라"(잠 27:17). 목사
로서 여러 해 동안 양무리를 섬기고 나면 더 이상 전과 같은 모습에 머물
수가 없다. 주의를 기울이기만 하면 양은 목사 자신을 더욱 잘 인식할 수
있도록 도와 주어서 원하는 것보다 더욱 잘 이해하게 만들 것이다.

관계는 위험을 무릅쓰는 것이다

대부분의 관계는 어느 정도의 두려움과 함께 시작된다. 그가 나를 좋

아할까? 우리 사이에 어떤 공통점이 있을까? 그 여자를 믿을 수 있을까? 상대방을 진정으로 안다는 것은 가면을 벗기고, 오랜 시간에 걸쳐 신뢰를 쌓고, 내면적인 자아의 모습을 드러내는 일이다. 그러한 행위는 거부의 위험을 무릅쓰는 것을 의미하고, 거부는 고통을 의미한다. 위험을 감수하는 것은 여러분으로 하여금 새로운 통찰과 확신의 높이에서 시작하게 만든다.

떠나간 전임 목회자의 목회 스타일은 새로 부임할 목사와 연관을 맺는 회중의 능력에 커다란 영향을 미친다. 전임목사가 존경을 받고 신뢰받은 인물이었다면 신임목사는 보다 수월하게 회중과 관계를 맺을 수 있다. 그 이유는 회중이 새로운 지도자에게도 존경과 신뢰를 기대하기 때문이다. 위기를 겪고 있는 동안에 도움을 주지 않았거나 멀리 떨어져 방치했던 목자 는 양무리로 하여금 그의 목회 동기와 유형에 대해 의심을 품게 만들 수 있다. 목자로서 양무리를 더욱 잘 알게 되며, 양무리들이 목자를 더욱 잘 알게 되는 일은 목회를 시작한 지 얼마 안되는 목사에게는 위험을 각오해야 할 과정이다.

관계는 수단이 아니라 목적이다

때로는 성도들이나 목사는 친구들 사이에서만 기대할 수 있는 깊은 우정을 나눈다. 어떤 부모들은 자녀들에게 사회적인 기대를 성취하도록 만든다. 어떤 남성과 여성들은 단지 홀로 있는 것을 피하기 위해 결혼한다. 하지만 건전한 관계의 목표는 다른 사람들을 이용하는 것이 아니다. 진정한 목표는 다른 사람의 인격, 재능, 체험, 지혜를 완전히 발견하는 것이다. 다른 사람의 정신, 마음, 영혼에 들어가는 것은 친밀한 관계를 나타낸다. 양무리의 구성원들은 통찰력이 있다. 그들은 "우리 목사님은 지금 내게 어떤 것을 원하고 계신가? 아니면 내게 영적 투자를 하고 계신 것인가?"라고 묻는다. 많은 양들에게 투자하라.

우리의 모범은 예수 그리스도이다

그리스도가 하신 것처럼 언제나 귀를 기울이고, 사랑하고, 희생하고, 이해하고, 용서하고, 위로하고, 치유하고, 도전하고, 직면하고, 가르치고, 훈련시키고, 지속시키고, 격려할 수 있는 사람은 없다. 예수께서 이 세상에서 모든 사람과 함께 지낸 것은 아니지만, 그분을 만난 사람은 누구나 영향을 받았다. 그리스도와 여러분의 관계가 확고할 때 그분은 여러분의 삶 속에서 만나는 모든 사람에게 영향을 주신다.

요한복음 10장에서 예수께서는 자신을 '선한 목자'라고 밝히면서 그 자신의 양을 안다고 말씀하셨다. 그리스도의 전능하심을 힘입지 않는다면, 목사는 그리스도가 우리를 아신 것과 같은 방식으로 그에게 맡겨진 양무리를 한 사람 한 사람 알 수 없을 것이다. 하지만 목자이신 그리스도의 모범을 따른다는 것은 목사가 양의 모든 것, 즉 그들의 역사, 필요를 나타내는 방식, 배우는 방식, 습관을 알아야 하는 것을 의미한다.

교회에 새로 나온 사람이 교역자에게 아침을 함께 하자고 요청하는 어떤 성도의 말을 듣게 되었다. "대체 그게 무슨 말이죠?"라고 새로 나온 사람이 물었다.

"그 성도님이 아침을 함께 하자고 하는 것은 안내하는 분과 어떤 문제가 있다는 것을 뜻하죠. 그래서 저는 그분의 말씀을 자세히 들은 다음 핵심적인 문제를 밝혀내서 해결합니다. 자신의 말이 경청되고 있다는 것을 알게 되면 그 성도님의 마음도 편해지실 겁니다.”

“그 성도님의 문제 제기 방식을 알게 되는 데 얼마나 걸렸습니까?” 라고 물었다. 그러자 “3년 걸렸습니다.”라고 대답했다. 회중의 개인적 성향을 잘 파악하여 그들의 필요를 알게 되기까지는 많은 시간이 소요된다. 삶은 관계에 의해 평가된다.

예수 그리스도를 아는 것은 일생에서 가장 중요한 관계이다. 그리스도를 아는 것을 통해 우리는 자신을 알고 하나님이 우리에게 원하시는 것에 대해 더욱 잘 알게 된다. 우리 자신을 아는 것을 통해, 다른 사람과 건전하고도 건설적인 방식으로 관계를 맺게 된다. 우리의 삶은 베풀어준 사람과, 나누어준 지혜, 창조해낸 웃음, 전해준 진리, 닦아준 눈물에 의해 평가된다.

여러분이 목사로서 양무리에 대한 헌신을 평가하려면 이사야서 43장 1-5절의 말씀을 적용해보라. 하나님은 “내가 너를 지명하여 불렀나니”(1절)라고 말씀하신다. 여러분은 예배에 참여한 성도들의 이름을 알고 있는가? 그들의 자녀들의 이름을 알고 있는가? 하나님은 “네가 불 가운데로 지날 때에 내가 함께 할 것이라”(2절)고 말씀하신다. 여러분이 섬기는 회중들은 위기를 만날 때 여러분이 그들과 함께 있으리라는 것을 알고 있는가? 4절에서 하나님은 “내가 너를 보배롭고 존귀하게 여기고 너를 사랑하였은즉” 이라고 말씀하신다. 여러분은 하나님의 백성이 여러분에게 개인적으로만 아니라 한 가족으로서 얼마나 소중한지 성도들에게 알려주고 있는가? 여러분이 그들을 사랑한다고 말하고 있는가?

목사의 삶에 대한 이야기는 그가 하나님과 가족, 회중과 보다 넓은 공동체와 맺은 관계 속에 기록되어 있다. 목사의 관계에 대한 이해와 능력은 주 예수 그리스도에게 미래의 신자를 인도하고 주 안에 머물도록 관계를 맺어주는 데 매우 중요하다.

제4장
신뢰를 얻기

Earning Trust

목사가 회중에 대해 관심을 가지고 있으며,
그들의 섬김을 소중히 여기고 있다는 사실이 회중에게 알려질 때,
그들은 더욱 기쁜 마음으로 여러분의 리더십을 신뢰하게 된다.
개인적으로나 공적으로나 목사는 정직과 성실함으로써 인정 받아야 한다.

4장
신뢰를 얻기

"양들이 그의 음성을 아는고로 따라 오되 ....

내 양은 내 음성을 들으며 나는 저희를 알며 저희는 나를 따르느니라"

(요 10:4, 27).

게리는 "전에 우리 교회를 담임하셨던 목사님의 성격을 보여주는 한 가지를 말씀드리겠습니다." 라고 말했다. 그는 8년 동안 제2 자유교회의 회계를 맡아 일해왔다.

"목사님은 우리 교회에 헌금을 하지 않으셨어요. 우리에게는 일 년에 두 번씩 봉헌 생활에 대해 설교하셨지만 헌금이 적을 때는 불평하셨지요. 하지만 그분은 한 번도 헌금하지 않으셨어요. 자신이 설교한 것을 스스로 어긴 셈이지요. 나는 그 사실을 알고 있었기 때문에 그분을 신뢰하지 않았습니다. 이런 얘기는 지금까지 한 번도 다른 사람에게 하지 않았습니다. 하지만 목사님이 진정으로 우리 교회를 담임하시려고 고려하고 있기 때문에, 이 사실을 반드시 아셔야 한다고 생각합니다." 그 말은 그 교회의 담임 목사직을 고려하고 있는 사람이 알고자 했던 것보다 더욱 분명하게 교회가 지닌 문제를 보여 주었다.

양은 목자가 믿음직할 때에만 기꺼이 따를 것이다. 양과 목자 사이에 신뢰가 확립될 때까지 리더십은 발휘되기 어려울 수밖에 없다. 그 이유는 성도들이 목사의 리더십을 확신하지 못하기 때문이다. 신뢰는 목사가 되라는 소명에 부속되어 있는 것이 아니다. 신뢰는 획득하는 것이다. 보통 예금의 이자처럼 오랜 시간에 걸쳐 조금씩 증가되는 것이다.

우리의 문화는 신뢰와 권위를 혼동하고 있기 때문에 그 두 가지를 명확히 구분하지 않으면 안된다. '행위' 는 결정을 내리고 방향을 제시하는 능력이다. 회중은 필요할 때 이러한 권위에 따라 목사에게 묵묵히 순종한다. '신뢰' 는 양떼로 하여금 목자를 기꺼이 따르게 만드는 변함 없는 성격과 행위에 대한 인정이다. 목사에 대한 양무리의 신뢰는 목사가 그들과 눈높이를 맞추기 위해 의무 범위 내에서 쏟아온 시간과 신실함의 증거이다. 목사는 "명령이 아니라 모범과 영향력에 의해서 양무리를 인도"해야 한다.[1] 본을 보이고 영향력을 확립하는 데 많은 시간이 소요된다는 사실을 받아들이라.

목자가 어떻게 양무리의 신뢰를 얻을 수 있을까?

변화를 이루되 서서히 진행시키라

밥 목사는 500명의 회중이 속해 있는 교회의 2대 담임 목사였다. 전임 목사는 그 교회를 세우고 수많은 건축 계획을 통해 변화를 이루되 서서히 진행시켜야 한다는 사실을 간파하고는, 세상을 떠나기까지 35년 간 그의 생애를 회중과 공동체를 형성하는 데 쏟아부었다. 부임한 지 6개월이 지나자 밥 목사는 예배 스타일을 바꾸고, 주일 2부 예배에 인도자를 보충해야 한다고 설득하면서 예배 관련 내규를 개정했다. 장로들은 그러한 결정 과정에서 당회원과 예배위원회 위원들의 목소리를 전혀 반영하지 않았다는 비난을 퍼부었다. 그로부터 2년을 채우지 못하고 밥 목사는 교회를 떠났다. 이러한 문제를 미리 막기 위해서는 어떤 방법을 취해야 했을까?

회중은 후임 목사를 청빙하기 전에 1년 혹은 2년 기간의 간격을 두고 적임자를 물색하는 것이 현명한 방법이었을 것이다. 한 목사가 같은 교회를 35년 간 이끌어 오는 동안에 회중은 일을 처리하는 한 가지 방식에만 젖어 있을 가능성이 높다. 목사들은 누구나 새롭게 함으로써 변화를 가져오려 한다. 임시 목사는 회중이 다른 은사를 가진 신임목사를 맞이할 수 있도록 준비시킬 수가 있다. 회중에게 신임목사와 함께 초래될 수밖에 없는 변화를 정서적이면서도 조직적으로 이해하도록 가르칠 수 있다는 것이다.

밥 목사는 부임 첫 해에 회중들을 파악하고 교회 조직을 이해하는 데 온 힘을 쏟는 것으로 만족했어야 했다. 목사 청빙위원회는 청빙 후보자들에게 교회 관련 내규를 발송하지만, 어떤 목사나 교회가 내규의 내용과 실제로 일치하지 않는다는 점을 알고 있다. 교회마다 결정 과정에 영향을 미치는 불문율과 눈에 보이지 않는 전통이 항상 존재하고 있기 때문이다. 신임목사는 부임한 지 평균 18개월이 지나야 회중을 어느 정도 파악하기 시작한다. 그리고 나서 서로 주소를 교환할 수 있게 된다.

5년 혹은 그 이상 양무리를 섬겨온 목사가 변화를 일으키려 해도 저항에 직면할 수 있다. 그 예로 어떤 건축 계획은 세력권과 실내장식 문제를 일으키기도 한다. 예배시간을 신설하는 일은 기존의 예배와 신설된 예배를 인도할 안내위원, 양육위원, 성가대를 감당할 수 있을 만한 양무리의 능력을 시험한다. 찬송을 바꾸는 일은 언제나 일치를 유지하는 데 하나의 도전이 된다.

변화는 마찰을 빚어낸다. 누군가 배제된다는 것은 바로 그가 적합하지 않다는 것을 의미하기 때문이다. 변화는 성장의 열매이다. 그러나 항상 던져 보아야 할 질문은, 교회가 얻을 것은 변화의 대가를 치를 만한 가치가 있는 것인가 하는 점이다. 지혜로운 계획은 광범위한 논의와 결합될 때에만 예상되는 분쟁을 최소화시킬 수 있다.

돈은 신중히 사용하라

통계적으로 증명할 수는 없지만, 교회문제의 대다수가 돈과 연관된 것이 아닌가 하는 생각이 든다. 예수님은 돈을 '세속적인 재물' 이라고 불렀다(저자는 '불의한' 을 '세속적' 을 의미하는 'worldly' 로 표현하고 있다). 세속적이란 말은 어원적으로 '불의한' 을 의미한다(눅 16:11). 예수님은 돈의 특성이 가치 중립적인 것이 아니라 악한 것임을 가리키고 있다. 예산 논의과정에서 성난 말과 태도가 발생하는가? 그 이유는 무엇인가? 가계(家計)를 남편과 아내에게 지뢰처럼 만드는 것은 무엇인가? 회중 가운데 십일조 드리는 것을 거부하는 행위를 어떻게 설명할 수 있는가? 그 대답은 돈의 특성에 있다. 하나님의 뜻에 따라 사용되지 않으면 돈은 악을 향하기 쉽다.[2]

교회에 유용한 실무적 재정운용 관습은 계획하고 있는 모든 사업과 구매건(件)에 대한 세 가지 시도이다. 이러한 시도는 모든 제안에 대해 오해할 수 있는 교회 구성원들로부터 지도자들을 보호해 주며 편견에 의한 비난을 모두 침묵시킬 수 있다. 위원회나 회중 앞에서 결정을 내리기 전에 교회 구성원 전체의 의견을 반드시 사전에 조사하라. 필요하다면 회중의 의견을 모두 파악할 때까지 결정을 미루라. 시간을 잃는 것보다 처음부터 일을 바르게 하는 것이 훨씬 효율적이기 때문이다.

많은 회중들이 알고 싶어하는 재정적 교훈의 하나는 가능한 싼값에 물건을 구입하는 것보다 질이 좋은 물건을 구입하기 위해 돈을 사용하는 것이 훨씬 유익한 경우가 많다는 것이다.

크로스로드교회는 어린이 주일학교에 새로 증설된 두 학급에 사용할 의자가 필요했다. 지역의 한 소매상인은 1개에 10달러가 못되는 가격에 금속제 다리가 달린 플라스틱 의자를 권했고 한 통신판매업자는 15달러에 고강도 플라스틱 의자를 추천했다. 교회관리위원회는 물품 구입가격과 운임을 절약할 수 있는 지역 소매업자의 제안을 받아들이기로 결정했다. 그러나 구입한 지 3주도 지나지 않아서 다리에 달린 바퀴의 대부분이 빠져 없어졌다. 그 결과 두 교실의 바닥에 깔린 카펫이 찢어졌다.

목사는 헌금의 계수와 보관에 대하여 책임질 필요가 없다. 어떤 교인은 그의 집을 심방할 때 목사에게 직접 십일조를 넣어 봉한 헌금봉투를 드리는 경우도 있을 것이다. 그런 경우에 나는 그 봉투가 잘 붙여져 있는지 확인한 다음, 교회 재정부 서기(우리의 회계에 해당)가 사용하는 교회 우편함으로 가지고 간다. 그것을 교회 직원에게 확인시킨 다음 그들이 보는 가운데 우편함에 넣음으로써 그들이 나의 행위에 대해 설명할 수 있게 한다.

회중은 목사의 생활 방식을 자세히 살피면서 돈을 사용하는 방식에 대해 주목할 것이다. 베드로는 우리에게 돈에 대해 욕심을 내지 말 것을 권면했고(벧전 5:27), 바울은 목사가 돈을 사랑하는 자가 될 수 없음을 범주론적으로 설명한다(딤전 3:3). 그와 동시에 목사는 적절한 사례비를 받아야 한다. 유능하고 인격적인 청지기직의 실천은 교회 구성원들의 본이되며 그들이 드린 헌금을 목사와 교회 지도자들에게 믿고 맡길 수 있는 근거를 제공한다.

의도적이면서도 신중하게 문제를 드러내라

회중의 필요를 돌아보는 일은 문제를 초래한다. 예루살렘교회가 가난한 성도에게 양식을 제공할 때 헬라파 유대인 과부들이 제외됨으로 인해 분쟁이 일어났다(행 6:1-6). 그 해결책은 성령과 지혜가 충만하여 칭찬듣는 사람을 택해 집사로 임명하는 것이었다. 문제를 해결하는 것은 필요한 일이지만 잘못된 해결책이나 부적절한 시기에 이루어지는 바른 해결책은 맹렬한 분노를 초래할 수 있다.

어떤 문제들은 지원에 관련된 것들이다. 주일학교의 어떤 학년의 학생수가 20명으로 줄어들어서, 더 이상 난로가에 있는 교실을 채울 수 없게 되었다. 어떻게 예배시간을 나누지 않은 채 그들을 재배치할 수 있을까? 또 어떤 문제들은 잠재적인 것이다. 교회가 어린이 보호정책을 채택하지 않는다면 어떻게 위험에 대해 말할 수 있겠는가? 교회 구성원들은 어떤 일이 꼭 필요하지만 매우 복잡하다고 해서 거부해야겠는가? 또 어떤 문제들은 관계적인 것이다. 사람을 싫어하면서도 교회에 출석하는 사람들이 있다. 다른 사람들과 평화롭게 지낼 능력이 없거나 그러한 의사가 없는 사람들을 어떻게 대할 것인가?[3] 바울은 디도에게 분열을 일으키는 사람들에 대해 경계시킨다(딛 3:10-11). 교회 지도자들은 성경적 훈련을 실천하는 일에 지혜로와야 한다. "다툼은 ... 신뢰하며 친밀한 관계를 발전시키는 본질적인 부분의 하나이다."[4]

교회 직원을 채용할 때는 유급직원이든 자원자이든 심사과정을 서둘러서는 안된다. 개인신상 자료의 제출을 요청하여 자세히 살핀 다음 면접을 하고, 가능한 한도 내에서 업무 수행능력을 평가하고 교회 지도자와 회중들에게 지혜를 구한다. 역량이 부족한 인물을 권위를 행사하는 자리에 임명하는 것은 목사 외에는 그의 문제에 대해 지적할 사람이 없게 만들므로 되돌려 받을 기약이 없이 돈을 빌려주는 것과 같다.

시험을 은혜롭게 이겨내라

양들은 목사가 생의 어려운 상황을 어떻게 다루는지 자세히 지켜볼 것이다. 사랑하는 성도가 죽는다면 그들은 목사가 슬퍼하는지 알려 할 것이다. 울 수 있는 목사는 필요한 시간을 따로 내어 그 이유를 밝힘으로써 자신의 슬픔을 통해 훌륭한 성경적 모범을 보여줄 수 있다(요 1:35, 살전 4:13). 중한 병에 걸리면, 성도들은 하나님에 대한 자신의 믿음을 자세히 점검하며 의사에게 진찰을 받을 것이다. 서서히 진행되는 질병, 예를 들면 당뇨병이나 관절염을 다루는 법을 배우며 병과 싸우는 한편 목사로서의 소명을 감당하는 태도가 약할 때에 은혜를 주시는 하나님을 증명해 준다(고후 12:9).

자녀들이 청소년기에 누구나 겪는 반항과 미숙의 단계를 지날 때 우리는 부모로서의 시험을 겪는다. 목사는 무엇이든지 완벽하게 행하려고 함으로써 자신에게 짐을 지우거나 '어항증후군'(자신의 삶이 모두 감시되고 있다는 사고)에 의해 자신을 소진시켜서는 안된다. 양은 자신이 경험한 일을 목자가 어떻게 반응하는지 알고 싶어한다. 이 때 목사가 하나님을 의지하고 최선을 다하면 양은 그를 신뢰한다.

목사는 누구나 비판에 직면하며(많은 목사들은 자신에 대해 가장 혹독한 비판자가 된다) 양무리는 어떤 양이 그를 시험하는지 알게 된다. 비판이 정확한 통찰력을 제공할 때 목사는 그 사실을 받아들여 조정할 필요가 있다. 하지만 비판이 파괴적인 모습을 지닐 때 인내하기란 쉽지 않다. 이럴 때 목사는 반응을 보이지 않기로 결심하면서 찰스 스펄전 목사가 "눈 멀고 귀 먼"[5] 목회라고 불렀던 것을 실천할 필요가 있다. 이사야서 53장 7절은 이러한 환경 속에 적용된다. "털 깎는 자 앞에 잠잠한 양같이 그 입을 열지 아니하였도다." 양무리의 유익을 위해서 다투기 좋아하는 사람들을 공개해야 할 경우가 있다. 그런 사람들은 경고한 후에 멀리해야 한다(딛 3:10-11). 목사는 비판을 견디거나 오래 인내함으로써 양무리의 신뢰를 얻는다.

잘못했을 때는 솔직하게 사과하라

어떤 목자들은 자신의 잘못을 인정하기에는 너무나 연약한 자아를 가지고 있다. 하지만 건전한 성경적 석의는 인간이 죄에 물들어 있다고 주장하므로, 목사도 진정한 인간이라는 점을 인정해야 한다. 나는 어느 공식적인 모임 자리에서 양무리에게 강력하게 외쳤지만 모임이 끝난 후에는 사과했다.[6] 사과한 후에 얼마나 많은 사람이 나의 사과에 관심을 표시하는지 발견하고는 깜짝 놀랐다. 사람들은 최초로 그와 같은 방식으로 말한 나를 만나기 위해 찾아왔다. 나는 그 때까지 인간적인 모습을 지녀왔으므로 접근하기 쉬웠다. 도움이 된 것은 죄를 인정하고 용서를 구할 만큼 정직한(죄를 선언하는) 것이었다.

가족과 같은 교회들은 반발이 일어났다는 점을 바로 부인한다. 그러한 교회들은 잠시 화를 내고 나서는 그러한 사실을 잊어버리는 것처럼 보인다. 하지만 이러한 방식은 분쟁을 해결하고 죄를 다루는 성경적 방식이 아니다. 목사는 죄의 고백과 용서를 추구하는 데 본이 되어야 한다. 이것이 하나밖에 없는 건전한 삶의 방식이다.

필요로 하는 곳에 있으라

한 목사가 동시에 어느 곳에나 존재할 수 없다는 점은 명백한 사실이다. 따라서 목사는 우선권을 정해야 한다. 일상적인 목회 과제에서 벗어날 수 있도록 하루를 떼어 놓으라. 하지만 당신이 구별해 놓은 날에 성도가 심장마비로 병원에 급히 실려간다면 그 위독한 성도가 당신의 우선권이 되는 것이다. 교회위원회에서 어떤 결정을 내리는 데 필요한 조언을 얻기 위해 목사를 청한다면 가서 조언하라. 부부간에 심각한 싸움이 일어나면 그 싸움에 개입하여 가르치는 기회로 삼으라.

한 성도가 체포되었을 때 목사의 면회는, 다루어지지 않은 채 남아 있는 문제를 확실히 밝히고 자유를 얻는 데 도움이 될 수 있을 것이다. 어떤 부부가 그들의 결혼 50주년을 맞이하여 금혼식을 열고 목사에게 축복기도를 요청할 때 기쁨으로 기도하라. 양은 목사의 설교를 언제나 기억하지는 못하겠지만 그 잔치에 참석한 목사의 모습은 기억할 것이다.

약속을 지키라

전화하기로 약속을 했다면 늦은 시간일지라도 전화하라. 병원에 가겠다고 말했으면, 약속대로 병원에 가라. 여러분이 자신을 위해 기도하기로 서약했다면, 기도할 내용을 글로 써서라도 기도하라! 사무실 용품대금을 치르기로 했으면 확실히 치러 주라. 성경공부에서 제기된 질문에 대해 주석을 찾아 답해주기로 약속했으면 해당 구절에 대한 주석을 찾아 대답해 주라.

언젠가 여름성경학교 학생들에게 주말에 아이스크림을 사주겠다고 약속을 한 적이 있었다. 그런데 긴급한 상황이 발생하여 2주 아니 그 여름 동안에 외출할 수가 없게 되었다. 몇 년이 지나갔다. 고등학교 졸업파티에서 어떤 여자 졸업생이 자신이 그 여름성경학교에 참여했던 학생이었으며 지금도 그 아이스크림 콘을 기다리고 있다고 나를 일깨워 주었다. 그 여학생은 내 말을 듣고, 그 시기에 참여한 학생들이 모두 알도록 나의 실수를 밝혀 주었다.

상세한 부분에 주의하라

천재의 본질은 세밀한 부분에 대한 주의력에 있다. "작은 일의 날이라고 멸시하는 자가 누구냐?"라고 선지자 스가랴는 묻는다(슥 4:10). 관심을 끌지 못하는 작은 일이 큰 일이 된다. 상세한 부분을 주의하라. 여러분의 설교노트를 성경에 끼워 두라. 말씀과 설교의 조화는 예배가 시작되기 직전까지 이루어진다고 확신하라. 회의를 개최하기 전에 의제를 계획하라. 결혼식 날짜를 확정하기 전에 주요 행사가 표시되어 있는 달력을 확인하라. 약속은 일일계획서 안에 써 놓으라.

한 성도가 최고의 기술적 수준을 집약한 성전을 세웠다. 그 계획은 성경말씀과 찬송가의 가사를 누구나 볼 수 있도록 비추는 것이었다. 전문기술자가 그 장치를 설치하기 시작했을 때 그 성전 전체에 콘센트가 두 군데 밖에 없는 사실을 발견했다. 누군가가 실수한 것이었다. 찬송가 가사가 두 개의 스크린에 비추어졌지만 전력은 중앙에 있는 홀 아래에 있는 방에서 성전을 지나는 연장 코드를 통해 공급되었다. 세밀한 부분도 중요하다.

신뢰를 지키라

생명이 꺼져가는 스코틀랜드 출신의 어떤 여성이 담임목사의 심방을 요청했다. 목사는 성경을 읽고 함께 기도한 후 성찬식을 거행했다. 목사가 돌아가려고 일어섰을 때 그 여성이 마지막으로 한 말은 "제발 저를 설교 예화로 삼지 말아주세요."였다. 어떤 회중들은 그들의 목사가 최근에 상담하고 있는 문제를 다 알고 있었다. 그 주제들이 주일설교에 예화나 주제로 등장하기 때문이었다.

영혼 치유의 일부는 죄의 고백을 듣고 하나님의 용서를 선포하는 것이다. 성도가 자신의 마음의 짐을 목사에게 고백하는 것은 가장 큰 위험이다. 개인적인 일을 혼자 간직하는 목사의 능력은 성도에게 마음의 평화를 가져다 준다. 목사가 개인적인 일을 혼자 간직할 수 없다면 성도의 가슴을 갈기갈기 찢어 놓게 될 것이다. 성도들은 자신의 가장 깊은 상처와 가장 큰 소망을 드러내 놓아도 그 내용이 공개되지 않을 때 목사의 설교와 인도를 신뢰하게 될 것이다.

공적인 사역을 위엄있게 다루라

"모든 기회를 위대한 기회로 만들라. 누군가가 여러분에게 더 큰 임무를 맡기려고 평가하고 있는지도 모르기 때문이다." 이 말을 최초로 한 사람이 누구인지는 모르지만 그것은 옳은 말이다.

공식행사에 말하도록 초청받았을 때는 긍정적인 면을 강조하라. 어떤 공동체의 저명인사 장례식 예배를 드리는 동안 집례자가 세례에 대한 고인의 신학적 입장을 비판했다(그 시점에, 그러한 말이 무슨 도움이 있겠는가?). 그 발언은 고인의 가족을 공격하고 다른 성도들을 난처하게 만들었다. 또 어떤 목사는 최근에 이민 온 가족이 그 교회에 처음으로 출석한 예배에서 인종차별적인 유머를 사용했다. 그 가족은 그 교회에 다시는 나타나지 않았다. 어느 가엾은 목사가 고등학교 졸업식 예배 설교를 강조하기 위해 헬라어와 히브리어와 관용어구를 사용하였다. 그의 메시지는 '어학 강좌'로 알려졌다.

목사가 집례하는 모든 장례 예배, 유아세례나 헌아식, 결혼예식은 회중과 교회 공동체에 그가 역량이 있거나 의심받고 있음을 드러낸다. 공적 사역은 오스카상을 받기 위해 애쓰는 공연이 되어서는 안된다고 생각한다. 하지만 목사는 자신에 대한 회중의 믿음을 얻거나 잃을 수 있다는 가능성을 인식하지 않으면 안된다.

문을 열어 놓으라

탁월한 연사이자 지도자가 담임하는 교회를 함께 섬기는 목사와 함께 어느 집회에 참석한 적이 있었다. 나는 그에게 위대한 목회자와 매일 함께 일하는 것이 어떤 것인지 물어보았다. 그의 대답은 내 가슴에 깊이 새겨질 만한 것이었다. "연구중일 때가 아니라면 그분의 방문은 언제나 열려있지요. 그분은 제가 언제 어떤 문제나 의논거리를 가지고 가더라도 반겨 주시지요." 그것은 참모진의 관점이었지만 그 원리는 교회의 다른 부서에도 적용된다. 개방적인 목회자는 필요할 때 그를 찾아오는 양을 알 수 있다.

하지만 문을 열어 놓는 정책이 남용될 수 있으므로 연구 시간을 게시판에 알리는 방법이 하나님과의 교제 시간을 보호하기 위해 필요하다. 목사의 시간을 보호할 수 있는 사무관리자는 그의 몸무게와 같은 금만큼이나 가치가 있다. 그러나 시간계획에 여유를 남겨두어 잠시 방문하기 원하는 사람들을 위해 유용한 시간을 만들어 사람이 우선 되게 하라.

설교와 행위 사이에 조화를 이루라

우리는 언제나 현재 살고 있는 단계를 넘어서 설교해왔다. 성숙과 일관성에 도달하려고 애쓰는 가운데 실패하기도 했다. 하지만 성경이 요구

하는 모든 것을 행하기에 언제나 부족함을 인정하는 한편 설교한 내용을
실천할 필요가 있다. 청지기직에 대해 설교할 때, 회계는 그 설교에 귀를
기울일 뿐 아니라 헌금도 헤아리고 있을 것이라는 점을 명심하라.

지기 싫어하는 나의 경쟁적인 본성은 스포츠를 즐기는 것을 위험지대
로 바꾸어 놓는다. 언젠가 야구시합을 하는 동안 평상시의 태도를 잃어
버리고 지나치게 격렬한 모습을 보이자 한 성도가 어떤 희생을 치러서라
도 이기려 하는 목사에 관해 점잖게 일러 주었다. 그 충고를 통해 그리스
도에게 더욱 가까이 인도하려 하는 사람들에게 신뢰를 잃어버린다는 것
이 얼마나 쉬운가를 깨닫고 나서 더 이상 교회에서 조직한 스포츠 시합에
참여하지 않기로 결심했다. 기쁨은 잃어버렸지만 나의 소명은 더 이상
그러한 위험을 겪지 않게 되었다.

사람의 활동 중에서 인내의 유익은 책임집단을 형성해 왔다. 친구 목
사와 나는 거의 매주마다 친분이 있는 목사들에게 전화를 걸어서 우리의
태도, 습관, 관계에 관해 일련의 지정된 질문을 던졌다. 전화조사에 참여
한 모든 목사는 성도들에게 "여러분은 제가 설교한 대로 실천하고 있다
고 정직하게 말할 수 있습니까?" 라고 물어야 했다.

감사하다고 말하라

나의 어머니는 누군가에게 축복을 받으면 반드시 감사하다고 말씀드
리고, "감사합니다" 라고 적은 짧은 편지를 보내도록 나를 키우셨다. 강
요받은 감사편지로 인해서 성탄절과 생일의 기쁨이 줄어든 적도 있었다
고 고백하지 않을 수 없다. 하지만 그 가르침이 지금까지 지니고 있는 유

익한 습관을 형성시켰다.

돈 부브나는 〈사람을 세우는 것〉이라는 제목이 붙은 그의 저서에서, 어떤 방식으로든 성도를 섬기는 이들은 "감사합니다" 라고 쓴 우편엽서를 사용하라고 조언한다.[7] 지금까지 내가 섬겨온 교회들은 모두 교회 로고가 들어있는 우편엽서를 제작하는 비용과 우표 값을 기꺼이 교회재정에서 부담해 주었다. 어느 정도 시간이 걸리는 일이지만 나는 매주 기도, 성경봉독, 찬양, 악기연주, 간증을 담당할 예배인도자들에게 개인적인 편지를 보낸다. 눈에 보이지 않는 곳에서 섬기는 이들(성전장식, 전구 갈아끼우기, 식사 준비, 성찬식 준비)도 그들의 봉사에 감사하는 편지를 받게 된다. 그 카드는 그들의 노고가 주목받고 소중히 여겨지고 있음을 전해 준다.

우리의 문화에는 다른 사람을 헤아릴 줄 모르는 특성이 존재한다. 대부분의 사람들이 "감사합니다" 라고 말하지 않는다. 감사하다는 편지를 쓰는 사람은 그보다 더 적다. 목사가 회중에 대해 관심을 가지고 있으며, 그들의 섬김을 소중히 여기고 있다는 사실이 그들에게 알려질 때, 그들은 더욱 기쁜 마음으로 여러분의 리더십을 신뢰하게 된다. 하지만 이 방법은 진정에서 우러나야 하는 것임에도 불구하고 회중을 조작하는 기술의 하나로써 이용해서는 안된다. 그리고 일단 시작하면 멈추어서는 안된다. 여러분이 만들어 놓은 기대를 저버릴 수 없기 때문이다. 교회 제직과 세례자, 예배에 출석하는 사람들의 신뢰를 얻는 데는 여러 해가 걸린다. 하지만 그 신뢰를 잃어버리는 것은 잠깐일 뿐이다. 따라서 우리의 말과 행위와, 관계에서 신중하지 않으면 안된다. 개인적으로나 공적으로나 우리는 정직과 성실함으로 써 인정받아야 한다. 어떤 사람들은 우리가 거룩한 삶을 살기 위해 얼마나 싸워왔는지 의심할 것이다. 하지만 의심하는 자에게 격려를 보낼 필요는 없다!

여러분은 공동체 속에서 잠시 살다보면, 자신이 어느 곳으로 가든지 감시 하에 놓여 있음을 깨닫게 될 것이다. 이러한 현상은 귀찮은 것임에도 불구하고 유익한 것이다. 한 공동체에서 10년을 살고 난 후에 나는, 스스로 목사나 생명력을 불어넣는 자로 인식하지 않고는 아무데도 갈 수 없게 되었다. 이러한 태도는 나의 아들을 실망시켰다. 특히 부자지간에 시간을 가져야 할 때 더욱 그러했다. 하지만 자신이 주목받고 있다는 사실을 아는 것은 바르게 행하는 데 유익한 자극이 되었다.

제5장
섬기기

Serving

수건과 대야는 섬김에 있어서 예수님처럼 되는 것을 일깨워 준다.
우리는 섬길 때 비로소 예수님께서 행하신 일을 실천하게 된다.
우리는 섬기는 행위와 태도로써 그 분의 형상을 따르도록 지음 받았다.

5장
섬기기

"유월절 전에 예수께서 자기가 세상을 떠나 아버지께로 돌아가실 때가 이른 줄

아시고 세상에 있는 자기 사람들을 사랑하시되 끝까지 사랑하시니라.

마귀가 벌써 시몬의 아들 가룟 유다의 마음에 예수를 팔려는 생각을 넣었더니

저녁 먹는 중 예수는 아버지께서 모든 것을 자기 손에 맡기신 것과 또 자기가

하나님께로부터 오셨다가 하나님께로 돌아 가실 것을 아시고 저녁 잡수시던

자리에서 일어나 겉옷을 벗고 수건을 가져다가 허리에 두르시고 이에 대야에

물을 담아 제자들의 발을 씻기시고 그 두르신 수건으로 씻기기를 시작하여 …

저희 발을 씻기신 후에 옷을 입으시고 다시 앉아 저희에게 이르시되

내가 너희에게 행한 것을 너희가 아느냐 너희가 나를 선생이라 또는 주라 하니

너희 말이 옳도다 내가 그러하다 내가 주와 또는 선생이 되어 너희 발을 씻겼으니

너희도 서로 발을 씻기는 것이 옳으니라 내가 너희에게 행한 것같이

너희도 행하게 하려 하여 본을 보였노라 내가 진실로 진실로 너희에게 이르노니

종이 상전보다 크지 못하고 보냄을 받은 자가 보낸 자보다 크지 못하니

너희가 이것을 알고 행하면 복이 있으리라"

(요 13:1-5, 12-17).

침묵이 온 방안을 뒤덮었다. 예수께서는 유월절 식사를 중단하시고 겉옷을 벗고 수건을 허리에 둘렀다. 가장 천한 노예가 하는 일을 몸소 행하면서 땀나고 냄새나는 제자들의 발을 씻어 주었다. 베드로는 주님이 발을 씻어 주는 것을 처음에는 거부하다가 이윽고 누그러졌다. 열한 제자는 예수님께서 죽기 전날 밤에 다락방에서 그들에게 가르치던 교훈을 결코 잊을 수가 없었다.

서로 섬기라

나는 그리스도인들이 서로의 발을 씻어 주는 예배에 참석한 적이 있다. 한 번은 동료 목사에게 경의를 표하기 위해 시행되었다. 또 다른 경우에는 회개의 정신과 깨어진 관계의 치유를 보여 주기 위해 실시되었다. 발을 씻는 행위는 언제나 겸손과 다른 사람을 높이기 위해 허리를 숙이는 자발성을 나타낸다.

수건, 대야, 발을 씻는 행위는 목사의 사역을 나타내는 이미지들이다. 우리는 종이다. 발을 씻는 것은 신분을 낮추는 행위로서 종이라는 사회 계층에서도 가장 낮은 위치에 있는 노예에 의해 수행되는 일이었다. 제자들에게 종이 되는 것의 모범을 보이는 동시에 예수께서는 겸손을 가르쳤다. 요한복음 13장의 기사는 목사가 종임을 보여 주는 기본적인 사실들에 직면하게 만든다.

종의 지도력

주님의 행위와 말씀은 섬김이 리더십의 기능 가운데 하나임을 보여 준다. 우리는 말보다 모범을 보임으로써 양무리를 더 많이 인도할 수 있다.

교회 관리인이 어느 날 아침 새로 부임한 담임목사를 불러 세웠다. "목사님, 이른 아침에 그리고 때론 밤늦게까지 교회에 계신 것을 제가 보았는데 왜 그렇게 열심히 일하십니까? 목사님은 이 교회의 우두머리잖아요?"

"그 우두머리는 모든 성도의 종입니다." 그 목사가 지혜롭게 대답했다. 그것은 특히 하나님의 양무리 가운데에 적용된다. 그럼에도 불구하고 나는 목사를 나타내기 위해 '우두머리' 라는 말을 사용하기를 꺼린다. 그 단어 속에는 목사가 교회라는 조직의 눈에 보이는 지도자라는 의미가 포함되어 있기 때문이다. 하지만 우리의 소명은 다른 사람의 우두머리가 되는 것이 아니라 섬기는 것이다.

목사가 모든 임무를 수행할 필요는 없으며 교회에서 하나님의 백성들이 하는 모든 일에 대해 알 필요도 없다. 하지만 종의 마음은 지녀야 하는 것은 명백하다.

하지만 영혼의 돌봄은 목회의 중심이다(행 6:4을 보라). 종됨과 리더십 사이에 균형을 유지하는 일은 연습용 바퀴없이 자전거 타기를 배우는 것과 같다. 그것은 고통스럽고, 길을 가는 동안에 껍질이 벗겨지는 듯한 아픔을 느낄 수도 있다. 그럼에도 섬김과 인도 사이의 긴장을 일단 익히기만 하면 목회를 아름답게 만드는 활력을 낳는데, 그것은 마치 잘 조율된 피아노가 급상승하는 협주곡을 만드는 선율을 쏟아내는 것과 같다.

사랑으로 동기를 부여하라

예수님은 대야와 수건을 집어드심으로써 우리에게 사랑이 섬김의 동기라는 점을 보여준다. 요한은 예수님께서 '자기 사람들을 사랑' 하시면서 제자들에게 '완전한 사랑' 을 보여주었다고 말한다(요 13:1). 요한은 발을 씻는 행위만 아니라 십자가까지도 염두에 두었을 것이다. 하지만 요한은 낮아지는 섬김의 행위를 도입함으로써 예수님의 사랑을 가르치고 있다. 자기 사람을 사랑하기 때문에 예수님께서는 그들의 발을 씻어 주었다.

우리의 태도는 스스로에 대한 우리의 마음가짐을 나타낸다. 발을 씻기 위해서는 허리를 숙이거나 무릎을 꿇어야 한다. 우리가 겸손을 요구하는 행위를 거부한다면 자만심으로 인한 문제를 끌어안게 될 것이다. 예를 들어 목사의 차를 주차시키는 교회의 공간은 그의 자존심을 나타낸다. 건물 가까운 주차시설이 좋지만 목사가 건강하고 걸을 수 있다면 활동이 제약된 이들을 위해 유용한 공간으로 만드는 것은 친절한 행위가 될 것이다. 종은 자신의 편안함과 편리를 구하지 않는다. 그들은 타인을 위한 삶을 더 편하게 여긴다.

여러분은 발을 씻을 때 어떤 불쾌한 냄새를 만날 수도 있다(더러운 발에서 나는 고약한 냄새!). 제자들은 악취를 없애기 위해 샌달에 탈취제를 넣고 다니지 않았다. 따라서 예수님은 열두 제자의 더러운 발에서 나는 지독한 냄새를 맡을 수밖에 없었다. 우리가 섬기는 회중은(우리와 마찬가지로) 씻을 필요가 있는 '냄새나는 발' 을 가지고 있다. 우리가 그들을 사랑한다면 그 죄를 씻어 주고 거룩함을 회복시키려고 해야 한다.

나는 어떤 요양시설에 들어가기 전에 심호흡을 했다. 소변냄새와 소독약 냄새가 즉시 나의 후각을 강하게 자극했다. 이것은 실제적인 삶이다. 어느 날 내가 그러한 시설에 수용될 수도 있다. 그러한 일이 일어난다면 목사에게 나를 돌보기 위해 육체적 불쾌함을 초월해서 심방해 줄 것을 원할 것이다. 양을 돌보는 것은 인생의 냄새나는 부분을 다루는 것을 의미한다.

연구하고, 기도하고, 계획을 세우는 시간은 효과적인 사역에 결정적으로 중요하다. 하지만 회중의 삶과 멀리 떨어진 설교준비는 광석이 매장되어 있지 않은 광산을 발굴하는 것과 같다. 여러분의 연구와 연구시간이 회중을 섬기는 일로부터 도피하는 행위의 하나로 이용되지 않도록 주의하라. 이 시를 깊이 숙고해 보라.

설교자의 실수들

엄격이라는 교구 목사가

높은 교회 철탑에 올라가

하나님께 더욱 가까이 이르렀으므로

하나님의 백성에게 하나님의 말씀을 전할 수 있었다

해가 높이 떠 있을 때

이 선한 사람은 무심한 채 앉아있었다.

세상 일에.

초월해서

그는 영원히 읽고 있었다.

그리고 때때로

삐걱거리는 소리가

회전 풍향계에서 날 때면

눈을 감고 말했다.

"하나님으로부터 온 진리를 지금 배우고 있노라"

 그리고 설교 원고에

매일 쓰는 내용은

하늘로부터 받았다고 생각하는 것

이 말씀을

그가 섬기는 회중의 머리 위에 떨어뜨린다네

하루에 두 번 7시에

그의 때가 되자 하나님이 말씀하시기를

"내려와 그치라!"

그는 철탑에서 외쳤다.

"주님! 당신은 어디 계십니까?"

그러자 주님이 대답하신다.

"여기 나의 백성 가운데로 내려 오라."[1]

여러분이 양무리를 섬기는 이유는 그것이 직업이기 때문인가? 혹은 여러분의 섬김이 그리스도와 그분의 양을 위한 사람에 의해 동기부여 되었기 때문인가? 의무로서의 섬김은 고단할 수밖에 없지만, 사랑 가운데서 섬기는 일은 진정한 사역이다.

오해를 받더라도 섬기라

요한복음 13장에서 알 수 있는 종됨에 대한 세 번째 사실은 우리가 섬기는 종들이 언제나 우리를 이해할 수는 없을 것이라는 점이다. 베드로는 발을 씻기는 행위를 통해 예수가 하고 있는 일을 이해하지 못했으므로 거부했다. 그는 발 씻기를 거부함으로써 당황할 수도 있지만 한편으로는 자랑스럽기도 했다. 예수님이 제공하는 섬김을 은혜롭게 받아들이는 대신에 독자적인 방식으로 섬기려는 예수님을 오히려 당황하게 만들려 했기 때문이다.

아이들은 부모에게 물을 것이다. "브로콜리를 먹어야 하나요? 숙제를 하지 않으면 안되나요?" 그들은 부모의 강요를 불친절한 것으로 해석한다. 아이들은 성장함에 따라 채소가 육체적 건강에 필수적이며, 숙제하는 것이 책임지는 성격을 발전시키는 과정의 일부라는 것을 이해하기 시작한다.

목사라고 해서 예수님이 우리 삶 속에서 행하고 있는 것을 언제나 이해하는 것은 아니므로 때로는 저항하는 모습을 보이기도 한다. 주님이 폭풍 가운데서 우리에게 나타나신 후에, 하나님이 의도하신 교훈과 예비하심을 돌아보며 발견한다. 예수님은 그분이 행하시고 있는 일을 미리 말씀하는 법이 거의 없다. 그분은 우리의 승인이 필요 없다. 단지 우리가 따르기를 원하신다.

양무리는 목사가 하고 있는 일을 이해하지 못할 때도 있을 것이다. 그들은 친절한 행위를 명성을 얻으려는 시도의 하나로 오해할 수도 있으며, 설교말씀에 귀를 기울이는 것을 권력을 잡으려는 시도의 하나로 볼 수도 있다. 성경의 가르침에 따라 분쟁을 해결하려는 우리의 시도를 쓸데없는 참견으로 인식할 수도 있다.

목회를 시작한 지 얼마 안되었을 때 교회의 나이 드신 성도 한 분을 방문한 적이 있었다. 우리는 서로 즐거워하며 친구가 되었다. 그의 가족은 교회에 다닌 경험이 거의 없었으므로 목회적 소명에 대해 아는 바가 없었다. 그들은 내가 인간의 뜻에 따라 그들의 마음을 얻으려 하고 있다고 결론을 내렸다. 후에 비로소 그들은 목사가 영적인 이유로 성도의 가정을 심방한다는 사실을 알게 되었다.

오해를 받는 것은 목회생활의 특징이다. 고린도 교회의 교인들은 바울의 어떤 가르침을 오해하고 있었는데, 세 번의 서신과 여러 번의 방문으로도 그 상황을 바로 잡을수가 없었다. 우리의 동기는 옳은 것이어야 할 필요가 있으므로 하나님 앞에서 정직하지 않으면 안된다. 우리가 최선을 다했으면 결과는 하나님께 맡겨야 한다. 오해받는다는 것은 아픔을 준다. 하지만 예수님께서도 그러한 오해를 겪었으므로 우리도 오해를 경험할 때가 있을 것이다.

예배 결과를 평가하기

요한의 이야기 속에서 가룟 유다라는 존재는 우리가 섬기는 양들 중의 일부는 도움을 받을 수 없을 것이라는 점을 보여준다. 유다는 예수님으로 하여금 발을 씻게 하였는데 주님과 함께 유월절 식사를 나누었다. 하지만 유다는 예수님 믿기를 거부하고 유월절 밤 축제 때 그분을 배반하고 말았다. 양무리 가운데 있는 모든 사람이 진정한 양은 아니다. 모든 양이 선한 목자를 따르는 일을 중대하게 여기는 것이 아니다. 교회 안에 있는 어떤 성도들은 악한 습관이 그대로 있거나 문제를 불러일으키기도 한다. 유다는 3년 동안 예수님의 가르침을 듣고, 기적을 목격하고, 구주를 가까이 모시고 살았으면서도 예수님이 누구인지 결코 깨닫지 못했다.

따라서 우리가 가르치고 설교하고 심방하고 기도할 때 소수의 영혼들은 우리의 사역으로부터 어떤 유익도 얻지 못하는 듯이 보인다. 어떤 사람들이 상담을 받으러 오면 우리는 그들에게 성경적 통찰을 나누어 주는데 그들은 그러한 교훈을 무시할 것이다. 우리가 사람들에게 복을 줄 수는 없다. 그들로 하여금 결과는 스스로 결정하게 하라. 하지만 그들의 필요를 만나기 위해 노력하라.

하나님께 무감각한 듯이 보이는 사람은 은혜의 전리품이 될 수 있을 것이다. 나는 교회에 출석하는 나이든 성도에게 거의 6년 동안이나 기도하고 증거했다. 그의 가족은 그의 회심을 위해 30년 이상이나 기도해 왔었다. 그가 세상을 떠나던 해에 그 교회에 새로 부임한 목사는 그의 영혼을 그리스도에 대한 믿음으로 인도하는 기쁨을 누렸다. 우리는 대리 목자로서 그리스도께서 우리의 목회 영역에 허락하신 각 사람을 섬기도록 부름 받았다. 따라서 그들이 우리를 싫어할지라도, 그리고 우리가 그들을 싫어할지라도 변함 없이 그들을 섬겨야 한다.

배신은 목회사역의 일부이다. 양무리 가운데에는 여러분을 배반하려고 계획을 세우는 사람이 있는가 하면 그런 경험으로 인해 여러분이 상처를 입을 가능성도 있다. 나는 공개적으로 나를 비판하는 데 앞장서고 있는 사람에 대한 정보를 알기 위해 어떤 교회 지도자와 관계를 형성하기 위해 노력해 왔다. 여러분 자신을 어떤 관계 속에 몰입시키는 것은 아픔을 가져다 준다. 그러한 투자가 수포로 돌아가는 것을 발견하게 된다(시 41:9, 55:12-13을 보라). 마이클 카드는 "왜?" 라는 그의 노래에서 이러한 신비의 일부를 꿰뚫어보고 있다.

> 왜 주님을 배반하기로 결심하는 것이 친구가 되는 것인가!
> 왜 가룟 유다는 로마 병정들에게 보이려고 입맞춤을 이용했을까? 그것은 지지하는 입맞춤이 아니다.
> 친구만이 친구를 배반할 수 있는 법.
> 낯모르는 자는 얻은 것이 아무 것도 없다.
> 친구만이 그처럼 많은 고통을 끼칠 만큼 기꺼이 다가간다.[2]

우리는 섬기려는 모든 사람을 도와줄 수는 없다. 안으로만 향하게 만드는 개인적인 관계에 시간, 힘, 정서, 자원을 쏟는 것은 실패의 길을 걷고 있는 것이다. 이것은 "그리스도와 그 부활의 권능과 그 고난에 참여함을 아는 것"(빌 3:10)의 범주로 구분된다.

예배는 우리를 변화시킨다

수건과 대야는 섬김에 있어서 예수님처럼 되는 것을 일깨워 준다(13-

17절). 우리는 섬길 때 비로소 예수님께서 행하신 일을 실천하게 된다. 하나님의 의도는 우리 안에 그리스도의 형상을 본받게 하는 것이다(롬 8:29). 우리는 섬기는 행위와 태도로써 그분의 형상을 따르도록 지음 받았다. 우리는 예수님보다 커지려고 하지 않는다(요 13:6). 그분이 섬김을 실천했다면 우리도 당연히 섬겨야 한다. 하지만 영광스러운 역설은 예수님께서 섬김을 실천했기 때문에 하나님이 그를 높이셨다는 사실이다(빌 2:5-11). 따라서 종의 사역을 실천할 때 우리는 예수님께서 약속한 복을 발견하게 될 것이다(요 13:17). 그 복은 관계라는 형태를 통해 주어질 것이다. 우리는 예수님과 그의 백성을 더욱 깊이 사랑할 것이다. 우리의 마음은 우리로 하여금 즐겁게 섬기도록 자극할 것이다. 짐을 끈기있게 질 수 있는 힘이 생길 것이다. 우리의 눈은 새롭고 기대에 찬 나날들을 맞이할 것이다. 우리의 귀는 섬길 대상을 향해 더욱 가까이 기울여질 것이다. 우리의 말은 더욱 은혜롭게 변할 것이다.

수건과 대야는 우리가 종이라는 사실을 나타내는 상징이다. 목자는 양을 섬겨야 한다.

"이제 여러분이 알게 된 이 일들을 실천하면 복을 받게 될 것이다."

제6장
귀를 기울이기

Listening

누군가의 말에 귀를 기울이는 것은 도와달라는 요청을 확인하는 데
도움을 줄 수 있으며 개입을 통해 생명을 구할 수 있다.
우리는 들려오는 소리 뿐 아니라 들리지 않는 말의 의미도 들을 수 있어야 한다.

6장
귀를 기울이기

"사연을 듣기 전에 대답하는 자는 미련하여 욕을 당하느니라"

(잠 18:13).

"사람마다 듣기는 속히 하고 말하기는 더디 하며"

(약 1:19).

어느 여름 날 저녁에 이웃에 사는 어떤 사람이 교회 서재에 들어 왔을 때 나는 보고서를 작성하고 있었다. 그에게 인사를 건넨 다음 걱정거리가 있느냐고 물었다. 그는 "전혀 없다"고 대답했다. 그리고 나서 45분 동안 그는 가족이 처한 곤경과 슬픔에 대해 털어놓았다. 지금까지 한 번도 들어본 적이 없는 고통스런 이야기였기 때문에 그의 고백은 내게 큰 충격을 주었다.

그가 이야기를 끝냈을 때 무엇을 도와 주었으면 좋겠느냐고 물었다. "목사님은 이미 제게 많은 것을 베풀어 주셨습니다. 기분이 훨씬 나아졌습니다. 제 이야기를 들어주셔서 감사합니다." 라고 그는 대답했다.

우리는 함께 기도했다. 그리고 나서 그는 집으로 돌아갔다. 나는 방금 전에 그가 털어놓은 이야기로부터 받은 충격 때문에 가만히 앉아 있었다.

그가 내게 어떤 도움도 원하지 않았다는 사실에 또 한번 놀라고 있었다. 그 모든 문제들을 끌어안고 있으면서도 아무 행동을 취하지 않는 태도가 어리석은 것 같다고 생각했다. 하지만 그 순간에 그가 실제로 필요로 한 것은 누군가가 그의 이야기를 들어 주는 것뿐이었다. 그 체험으로 인해 귀를 기울여 듣는다는 것이 얼마나 중요한지 깨닫기 시작했다.

왜 듣는가?

데이빗 옥스버거는 레스토랑에 있는 한 소년과 그의 어머니에 대해 글을 썼다.

"누나! 햄버거하고 우유 한 컵 주세요." 6살짜리 소년이 웨이트리스에게 주문했다.

"야채를 넣은 어린이용 샐리스베리 스테이크 갖다 주세요." 소년의 이야기를 무시한 채 그의 어머니가 그를 대신하여 주문했다.

"햄버거에는 어떤 속을 넣어드릴까요?" 웨이트리스가 물었다.

놀란 그 소년은 이해할 수 없다는 듯이 웨이트리스를 올려보며 반짝거리는 눈으로 말했다. "그냥 케첩이요." 웨이트리스가 주문을 받고 돌아간 후에 어머니에게 고개를 돌리며 물었다. "무슨 말이예요?"라며 소년이 말했다. "내 말이 진짜인 줄 아나봐!"[1]

분주한 세상 속에서 우리가 돌보는 다수의 회중은 진정으로 귀를 기울여 주는 사람을 만나지 못한다. 남편과 아내, 부모와 조부모는 들어줄 것이라고 기대한다. 하지만 그들도 언제나 귀를 기울여 줄 수는 없다. 따라서 사람들은 그들의 목사에게 간다.

언젠가 한 여성도가 목사에게 여동생의 죽음에 대해 말하고 있었다. 그 목사는 실제로 귀를 기울이지 않고 있었다. 그리고 "제 여동생은 임종 무렵에 괴로워 했어요." 라고 말하자 그 목사는 "주님을 찬양합시다! 그 러한 일을 베푸심에 대해 감사합시다!" 라고 대답했다. 그 성도는 충격을 받아 아무 말도 하지 못했다. 그 성도는 자신이 겪은 체험과 감정이 그를 돌보는 영적인 목사에게 그처럼 하찮은 것이었다는 사실에 충격을 받았 다.

잘 듣는 습관은 우리로 하여금 회중이 세상을 어떻게 이해하고 해석하 는지 이해할 수 있도록 만들어 준다. 어떤 남자와 몇 번 만난 후에, 그가 어떤 주제를 논의할 때마다 "그 상황에 대해 다른 예를 들어보세요."라는 표현을 자주 사용한다는 사실을 알아차렸다. 마침내 그가 인생을 짜맞추 어야 할 하나의 퍼즐 놀이로 이해하고 있다는 사실을 깨달았다. '해안과 조우하다', '힘든 싸움', '실탄을 공급받기', '땅굴파기' 같은 표현을 사 용하는 사람들은 인생을 전쟁터로 보고 있는 것이다. 어떤 일에 소요되 는 비용을 끊임없이 말하는 사람은 돈에 대한 관심을 가진 것이 분명하 다. 어떤 사람이 놓치고 싶지 않은 주요한 사건이나 상태가 찾아오지 않 음에 대해 말할 때 우리는 그 안에 잠재해 있는 문제를 발견해야 한다. 우 리는 직접적으로 "당신은 죽음에 대해 말하고 있습니까? 당신이 자살을 생각하고 있다는 말로 해석해야 됩니까?" 라고 물어야 한다. 누군가의 말 에 귀를 기울이는 것은 도와 달라는 요청을 확인하는 데 도움을 줄 수 있 으며 개입을 통해 생명을 구할 수 있다.

듣는 법

유능한 청취자가 되는 데는 시선을 마주 보고, 염려와 관심을 나타내는 신체 언어, 효과적인 질문이 포함된다. 질문을 던질 때는 대답을 들을 준비를 갖추어야 한다. 언젠가 참여했던 상담기법 연수회에서 역할극 수업을 받는 동안에 전문상담가인 목사들이 나의 시연을 관찰했다. 나에 대한 평가를 들을 차례가 돌아왔을 때, 첫 번째로 지적을 받은 점은 피상담자에게 질문을 던진 다음에 대답을 들을 때까지 기다리지 않고 즉시 말을 한다는 것이었다. 나의 말은 실제로 들은 것이 아니라 가정된 응답에 근거하고 있었다는 말이다.

유능한 청취기술은 분쟁과 정서적인 혼란을 피하는 데 도움을 줄 수 있다. 어떤 교회 지도자가 얼마 전에 사랑하는 가족 중 한 사람의 죽음을 겪었다는 사실을 아는 것은, 그가 정해진 시간에 과제를 완수하지 못한 다른 교회 직분자를 향해 적개심을 보이는 행위를 이해하는 데 도움을 제공한다. 진정한 문제는 그 일을 끝내는 시간이 아니라 그 사람이 통과하고 있는 분노와 슬픔의 단계에 있다.

주의 깊은 청취는 분명하게 보내어지지 않은 메시지를 수용할 수 있도록 도와줄 것이다. 나의 친구 한 사람은 개인적인 필요를 언급하기를 꺼리면서도 그들의 삶에 일어나고 있는 문제에 대해 목사가 알기 원하는 회중을 섬겼다. 또한 기도의 후원을 받을 수 있도록 목사가 그들의 필요를 회중에게 공개해 주기를 원했다. 스포츠와 학교문제에 대한 대화 중에 한 성도가 여러 번에 걸쳐 "저는 그 모임에 참여할 수가 없어요. 의사에게 가야 하거든요." 혹은 "제 여동생과 남편 사이가 좋지 않아요." 라고 말했다. 나의 친구인 그 교회 목사는 한 성도의 수술이 임박한 것이나 심방해 주기를 요청하고 있다는 사실을 깨닫지 못했다. 그들의 요구가 무시되고 있다고 생각하는 성도들을 직면한 후에, 겉보기에는 지나가는 대화의 형태로 이루어지는 숨겨진 말에 많은 관심을 기울이는 법을 배웠다.

두 번째 목회지에 부임하여 섬기기 시작할 때, 그 교회에 오래 전부터 출석하고 있는 성도들을 방문하고 있느냐는 질문을 자주 받았다. 나는 그 질문을 연령에 관한 측면으로 해석하여, 그 교회의 나이든 교인들을 알기 위해 서두르고 있느냐는 의미로 이해했다. "예, 자주 방문하고 있습니다." 그것이 나의 대답이었다. 여섯 달이 지난 후에 회중이 던진 질문의 진정한 의미를 알게 되었다. 그들은 "그 교회의 종신재직권을 지닌 사람들과 사귀는 시간을 가지고 있느냐?"는 뜻이었다. 회중들은 내가 대부분의 시간을 교회에 출석하는 새로운 가족들을 늘리기 위해 사용하고 있다고 인식했다. 그리고 '구세대'들은 무시되고 있다고 생각했다. 그 문제는 정서적인 부담이 되어 나보다 더 연장자이신 어떤 지혜로운 목사님의 도움을 받아 그들이 필요로 할 때 목사가 응답할 수 있었다고 요구하는 것이 무엇인지 알게 될 때까지 사라지지 않았다. 지금은 그와 유사한 질문을 받으면 내가 인식한 것을 확인하기 위해 "그 질문이 무엇을 의미합니까?"라고 묻는다.

들려오는 말소리 뿐 아니라 들리지 않는 말의 의미도 들으라. 자녀에 대해 걱정하는 한 아버지가 내게 다음과 같은 사실을 가르쳐 주었다. 그의 딸은 우리 교회에서 활동적인 신앙생활을 해왔었으나 개인적인 문제로 인해 믿음을 떠났다. 점심을 들면서 그는 딸의 선택과 그에 따른 결과에 대한 자신의 관심을 들려 주었다. 그가 들려준 내용은 다음과 같은 것이었다. "그 애는 문제가 있다는 말을 한 번도 하지 않았어요. 하지만 우리가 교회에 대해 말할 때마다 교회와 그 특별한 시간들과의 관계가 얼마나 즐거웠는지 말하곤 했어요. 그리고 나서 입을 다물고는 교회에 대해서 더 이상 얘기하지 않는 거예요. 어떤 문제가 있었다는 사실만 알 수 있을 뿐이죠." 그 입 밖에 내지 않은 말을 듣지 않으면 안된다.

우리가 한 번 들은 말은 다시 발설해서는 안된다. 비밀을 지키는 능력은 우리가 그리스도의 이름으로 섬기는 회중의 신뢰를 얻고 유지하는 데 결정적으로 중요하다. 어떤 성도로부터 죄의 고백을 듣고 사죄의 확신을 얻게 한 순간 그 사실을 잊어버림으로써 고백한 성도와의 관계에 영향을 미치지 않게 해야 한다. 선한 목자는 지혜로운 건망증 감각을 개발해야 한다.

듣는 장소와 시기

귀를 기울일 기회는 매우 많다. 예배 후에 성도들과 인사하기 위해 성전 출입구 중의 한군데에 서있는 동안에도 기회를 얻을 수 있다. 거의 매주일 아무리 적어도 한 명의 성도는 임박한 의료검사나 수술 혹은 가족의 염려에 대해 다른 사람이 듣지 않게 얘기해 줄 것이다. 모든 성도와 인사를 마칠 때까지는 다음 6일 동안에 시간을 투자할 곳에 대해 좋은 생각이 떠오른다.

주중에는 교회 휴게실이나 입구의 홀이 성도들이 겪고 있는 이야기를 들을 수 있는 또 다른 장소가 된다. 교회의 지도자들은 자신이 안정된 삶을 누리는 이유를 알려 주고, 아이들은 학교나 가정에서 일어나는 일들을 들려주며, 어른들은 직장에서 받는 스트레스와 일에 대해 얘기한다.

고등학교 구기 종목 경기나 협주회에 참석할 때 나는 가능하면 교회 성도들과 가까운 좌석에 앉으려 한다. 쉬는 시간에 그들의 자리로 찾아가서 얘기를 나눈다. 그들은 중립적인 입장에서 교회에서는 화제로 삼지 않을 많은 사건과 주제에 관해 털어놓는다(주일 아침은 얘기를 다 듣기에는 너무나 급하고 여유가 없다). 동네에서 교회 성도를 한 번이라도 만나지 않고는 가게에도 갈 수가 없기 때문에 또 다른 대화의 문이 열려 있는 셈이다.

어떤 성도를 방문하거나 부탁을 받아 멀리 떨어진 곳에 다녀와야 할 때면 교회의 남자 성도 중의 한 사람에게 같이 가자고 부탁할 것이다. 성도들과 함께 있는 것은 들을 기회를 제공해 주며, 성도들은 심방사역을 감당하면서 그들의 이야기를 함께 나눌 기회를 갖게 된다. 운전할 때는 주로 듣는다. 거기서 개인과 가족이 지내온 삶을 이해하게 된다. 그들이 그리스도를 어떻게 영접하게 되었으며, 성도가 됨으로써 일어난 변화는 어떤 것인지 들을 수가 있다. 그러는 동안 소명과 꿈이 실망과 후회와 더불어 의식의 표면으로 떠오른다. 이야기하는 사람의 말은 나를 울고 웃게 만들도록 그의 삶에 대해 그림을 그린다.

슬픔 중에 있는 가족을 위해 귀를 기울이는 행위는 목사가 추구할 수 있는 가장 중요한 활동이 될 것이다. 장래 계획에 대해 의논하며 그 집 방에 앉아 있는 동안, 5페이지짜리 질문서의 답을 채울 수 있는 것보다 더 많이 그 가족의 지내온 삶의 과정, 믿음, 여러 가지 관계의 현재 상태에 대해 알게 된다. 잘 표현된 질문으로 인해 여러분이 진정으로 원하는 것보다 더 많은 정보를 얻을 수 있다. 하지만 주의 깊은 청취는 화자가 말로 표현하는 것보다 더 많은 것을 여러분에게 알려 줄 것이다.

또한 목사는 자신에 대해서도 귀를 기울여야 한다. 어떤 표현이 우리의 마음과 중심을 드러내는가? 우리가 "피곤해!"라고 자주 말하고 있다면 의사를 찾아보거나 휴가를 내야 할 시간일 것이다. "너무 바빠." 라는 말이 자주 나오면 되돌아보고 우리의 시간 계획과 우선권을 다시 조정할 필요가 있다. "그만 두겠다!" 라는 말을 하는 것은 짐이 너무 무거워져 가고 있으며 도움이 필요하다는 것을 나타낸다. 도움을 청하는 것은 강함의 상징이다. 그리고 도움을 요청할 때 여러분은 누군가가 귀를 잘 기울여 주기를 원한다.

제7장
사랑하기

양무리를 돌보는 것은 우리의 위대한 목자를 사랑한다는 증거이다.
사랑이 없이 실천되는 목회적 은사는 빈곤을 불러일으킨다.
목회적 희생은 사랑이 없으면 무가치해진다.

<h1 style="text-align:center">7장
사랑하기</h1>

Loving

이 말씀은 우리가 주를 사랑한다면 그의 양을 치라는 것을 의미한다. 다른 말로 표현하면 양무리를 돌보는 것은 우리의 위대한 목자를 사랑한다는 증거이다. 예수님께서는 양을 구하기 위해 목숨을 주었다고 말해도 좋을 정도로 자신의 양무리를 사랑했다. 우리는 예수님과 같은 방식으로 양무리 전체와 개개인을 진정으로 사랑할 수 있는가?

사랑이란 무엇인가?

사랑을 어떻게 정의하는가? H. 노만 라이트는 "진정한 사랑은 불완전한 사람에게 자신을 무조건적으로 위탁하는 행위이다."[1]라는 훌륭한 시도를 제안했다. 이 정의에 의하면 우리는 불완전한 사람이며 우리에 대한 하나님의 사랑은 무조건적 위탁이라는 것이 명확히 밝혀진다. 우리는 불완전한 양을 사랑하기 위해 무조건적으로 자신을 위탁할 수 있는가? 기독교는 의지의 종교이므로 목사는 그리스도의 이름으로 우리가 섬기는 사람들을 사랑하기로 결심해야 한다.

교회의 청빙위원회와 만나고 있는 동안에 교회의 신자들이 반복해서 말한 내용은 "우리는 우리를 사랑하는 목사님을 원해요." 라는 것이었다. 그 말은 그들 중의 누군가가 전임목사들한테 사랑을 받지 못한다고 느꼈음을 알려준다. 또한 누군가가 그들의 영적 행복에 헌신했다는 것을 알고싶은 그들의 욕구를 나타낸다. 내가 대답해야 할 질문은 다음과 같은 것이었다. "우리를 사랑해 주세요."라는 말이 진정으로 의미하는 것은 무엇인가? 어떤 교인과 회중은 "우리를 사랑해 주세요."라는 말을 통해 목사가 현상 유지를 깨뜨리지 않으며 평신도 지도자들에게 도전하지 않으며, 비성경적인 행위에 눈을 감으며, 죄를 용납하는 것에 반대하는 설교를 하지 않으며, 그들이 정한 기준과 기대에 따라 살 것을 요구한다. "우리를 사랑해 주세요."는 "우리의 틀에 맞추라. 그리하면 모든 것이 잘 될 것이다."라는 말이 된다. 하지만 그러한 조건을 받아들이는 목사라면 누구나 양무리를 사랑하지 않는 것이다.

어떤 목사가 진정으로 양을 얼마나 사랑하는지 시험하기 전에 더 중요한 질문을 던져보자. 하나님이 우리를 사랑하시는 것을 어떻게 알 수 있는가?

사랑을 인정하기

하나님이 우리를 사랑하시는 것은 그분이 우리에게 가장 소중한 것, 다시 말해 그의 독생자(요 3:10)를 주셨음을 통해 알 수 있다. 인간이 죄의 덫에 걸려 있는 동안에 하나님은 인간에게 이르시기 위해 주도권을 취하셨다(롬 5:8; 요일 4:9-10). 하나님은 사랑하시기 때문에 우리가 원하는 것을 주시지 않고, 인간에게 꼭 필요한 죄의 용서(요일 4:10)와 영생(요 3:10)을 주신다. 우리가 죄를 지을 때 징계하심으로 하나님이 우리를 사랑하신다는 것을 안다(히 12:6). 하나님이 우리를 사랑하신다는 인식은 그분이 성경 전체를 통해 말씀하시는 사실에서 비롯된다.

아이들은 부모님이 생활에 반드시 필요한 빵, 옷, 보금자리 등을 공급해 주므로 그들을 사랑한다는 것을 안다. 엄마와 아빠가 "사랑해!"라고 말씀하시며 꼭 껴안아 줄 때 아이들은 사랑받고 있다는 것을 알게 된다. 실수했을 때도 여전히 받아들여지며 지지해줄 때 그들은 사랑받고 있다는 것을 안다. 부모가 아이들을 나무랄 때 그들을 확신시키기는 쉽지 않지만, 그것은 사랑의 표시이다.

그러면 양은 목자가 사랑하는 것을 어떻게 아는가?

각자의 이름을 부르기

예수님께서는 목자가 "자기 양의 이름을 각각 부른다"고 말씀하신다(요 10:3). 하나님은 그분의 백성에게 "내가 너를 지명하여 불렀나니 너는 내 것이라"(사 43:1)고 말씀하셨다. 목사가 교인들 각자의 이름을 부를 때 그들은 깊은 인상을 받게 된다. 어떤 사람의 이름을 안다는 것은 그에 대한 관심을 가지고 있음을 보여준다. 우리는 성도의 이름을 알 필요가 있다. 회중의 상호관계를 이해하는 데 도움을 주기 때문이다. 성도의 이름도 알 필요가 있다. 십대 청소년 시절에 나는 '위어스비 목사의 아들'로 알려지는 것에 대해 원망했다. '데이브'로 알려지고 싶었기 때문이다.

신임 목사를 청빙하고 난 직후에 평화교회의 제직들은 그에게 회중을 찍은 사진을 보내기로 결정했다. 교회의 성도 두 사람이 사진 촬영 기술과 카메라를 제공하기로 자원했다. 여러 주일에 걸쳐 주일 아침마다 교회에서 가족과 개인별로 사진을 찍었다. 두 장씩 현상하도록 주문하여서, 신임 목사에게 전달할 작은 사진첩과 방문객이 볼 수 있도록(등록 성도들을 위해서도!) 성전 외부에 전시할 큰 사진첩을 제작했다. 두 사진첩에는 모든 성도들의 사진을 각자의 이름별로 배열하고, 학생들은 재학중인 학교의 학년별로 배열해 놓았다. 평화교회의 교인들 얼굴이 그 사진첩에 모두 수록되었다. 신임 목사와 그의 가족은 그 동네에 도착하기 전에 대부분의 성도의 이름을 외울 수 있었다. 새로 부임한 목사가 맞이한 첫째 주일 예배에 참석한 성도들의 이름을 불러가며 인사할 때 그들이 보여준 뜻하지 않은 놀라움을 상상해 보라!

격려

긍정적인 말은 우리가 할 수 있는 가장 간결한 비판보다 하나님의 백성을 돕는 데 더 큰 효과가 있다. 격려하는 것은 곁에 서서 힘을 주는 것이다. 목사는 미소가 곁들여진 격려, 칭찬의 말, 감사의 편지, 짧은 대화나 기도를 나누어 줄 수 있다. 4장에서 격려카드를 보내는 습관에 대해서는 이미 언급했다. 목사가 작은 일을 놓치지 않고 감사를 표현하면 그 말을 들은 성도들은 더욱 주님을 섬기고 싶어질 것이다. 교인들은 목사의 칭찬을 얻기 위해 섬겨서는 안된다. 그들은 그리스도를 영화롭게 하기 위해 각자의 은사를 사용해야 한다.

또한 우리는 어떤 자리에 참여함으로써 격려할 수 있다. 음악 연주회 참석, 라이온스클럽 모임, 체육행사, 집에서 여는 졸업파티에 참석하는 것은 모두 격려의 행위이다. 그 자리에 있다는 것은 우리가 성도 개개인에 대해 관심을 가지고 있으며, 그들의 활동이 시간을 투자할 만한 일이라는 것을 말해준다. 학생 운동선수가 부모에게 자신의 경기를 관전해 주기 원하는 것과 마찬가지로 교인들도 목사가 그들에게 특별한 순간의 일부가 될 수 있을 때 기뻐한다.

베푸는 손길

하나님은 우리에 대한 사랑을 증명하는 일에도 주도권을 취하셨다. 그 선물의 가치를 깨닫기도 전에 우리를 구원하시기 위해 예수를 보내셨다(요일 4:9 - 10). 사랑의 목자는 초청을 기다리지 않고 양무리에게 손을 내밀었다. 죽음을 경험한 가정이 있으면 목사는 즉시 하던 사역을 멈추고 육친을 잃은 가족을 찾아간다. 의학적인 문제가 생기면 목사는 병실을 방문한다. 어떤 성도가 교회출석을 중단하면 목사는 문제의 원인을 발견하기 위해 그들을 심방한다. 어떤 가정에 분쟁의 흔적이 보이면 목사는 화해를 위해서 함께 할 기회를 제공한다. 목사가 지닌 수위성의 효력은 결코 평가절하되지 않는다. 요청이나 아무런 언급이 없이도 신속히 목적을 달성할 수 있기 때문이다.

회중에게 최선을 다할 때, 우리는 예수 그리스도 안에서 그분이 가장 소중히 여기는 것을 주신 하나님을 닮게 된다. 우리 중의 어느 누구도 모든 일을 잘 할 수 없음에도 불구하고 회중은 우리가 그들을 탁월하게 섬기려는 것을 인정할 것이다. 목사는 연구, 기도, 설교, 교육, 상담, 위로, 인도에 헌신적인 최상의 노력을 기울여야 한다(딤전 4:15). 우리가 소명에 따르는 의무로 인해 고민한다는 사실을 아는 것은 목사가 그들을 위해 무조건적으로 헌신하는 것을 양들이 깨닫게 하는 데 도움을 준다. 단순한 전문가만으로는 충분하지 않다. 가장 작은 사건과 가장 사소한 부분이라도 우리의 최선을 다함으로써 모든 경우를 중요한 경우로 만들려고 힘써야 한다. "무슨 일을 하든지 마음을 다하여 주께 하듯 하고 사람에게 하듯 하지 말라"(골 3:23).

사랑 안에서 진리를 말하기

하나님은 우리를 사랑하시므로 우리의 영적 상태에 관한 진리, 즉 우리가 죄인이라는 사실을 가르쳐 주신다. 그 사실은 더욱 기분 좋게 표현하시거나 우리가 간과하도록 허용하지 않으신다. 친절하게 그러나 직접적으로 우리를 진실에 직면하게 만드신다. 그것은 우리가 구원이 필요한 죄인이며, 우리 자신을 구원할 수 없다는 것이다. 목사는 이러한 죄인을 살리며 그들에게 구원의 진리를 선포하도록 부름 받는다(행 20:20, 27). 우리가 사랑한다는 것을 회중이 알 때 그들은 우리가 진실을 말할 때 믿을 것이다.

하지만 진실을 선포하는 일은 성경적으로 이루어져야 한다. "사랑 안에서 참된 것을 (말)해야 한다"는 것이다(엡 4:15). 있는 그대로의 진리를 말하는 것은 잔인할 수도 있다. 누군가가 "이 차림새는 어떻죠?" 라고 물을 때 "당신이 올해의 옷을 가장 못 입는 인사 명단에 들고 싶다면 멋진 일입니다!" 라고 대답하는 것은 불필요하고도 불친절한 일이다. 사랑은 "진리와 함께 기뻐하는" 것이므로(고전 13:6) 우리는 거짓말할 수가 없다. 하지만 진리와 인격적 관심을 모두 전하는 방식으로 말할 수 있다. "이 차림새는 어떻죠?" 라는 질문에 대해 진실하면서도 온화한 목소리로 "그 넥타이는 당신의 푸른 눈에 어울리지 않습니다. 오늘은 다른 것을 입어 보시면 어떨까요?"[2] 라고 대답하는 것이다.

많은 사람들은 불쾌한 진리를 숨기는 것이 받아들일 만한 사랑을 보여주는 방법이라고 여기고 있다. 그것은 사실이 아니다. 연로하신 아버지께서 의학적인 위기를 겪고 있는데도, 가족은 나중에야 그 사실을 알게 되었다고 상상해 보라. 그는 자녀들을 걱정시키지 않음으로써 사랑을 베풀었다고 생각할 수도 있다. 하지만 자녀들은 '아버지께서는 우리가 기도하기를 원치 않으셨나? 우리가 걱정하리라고 생각을 못하시는 것인가? 이것 말고도 다른 것을 숨기고 계신지 모르겠네.' 라고 생각할 수도 있다. 가족들이 죽음에 대해 생각하고 싶지 않아서 부인하고 있는 암환자를 생각해 보라. 나는 그러한 상황에서 "저는 죽어가고 있다는 것을 압니다. 그들은 내게 진실을 이야기해줄 만큼 나를 사랑하지 않는 것이 분명해요. 나를 진정으로 사랑한다면 내 느낌이 어떤지 말하라고 해야 하지 않을까요?" 라고 말하는 환자를 본 적이 있다. 사랑 안에서 진실을 들려주는 것을 대체할 수 있는 것은 없다.

진리를 말하는 것이 고통스러울 때도 있다. 사순절이 시작되는 재의 수요일에 한 친구의 이마에 재를 바르면서 "너희는 흙이니 흙으로 돌아갈 것임을 기억하라." 는 말을 겨우 선포했다. 하지만 우리는 죽음과 영생을 확신있게 직면하기 위해 부활하신 구세주를 필요로 하는 죽어가는 존재들이다. 성찬식 때 우리 모두 죄인이라는 것을 선포하는 것으로는 만족할 수 없다. 하지만 우리의 죄악된 상태를 고백하는 행위는 하나님의 용서를 구하고 체험하도록 만든다. 설교를 통해 청중들에게 나는 죄인의 한 사람이라는 사실을 일깨운다. 목사는 그러한 고백에 관해 거부감을 느낄 수도 있지만 양무리는 그 사실을 분명히 알고 있다. 우리가 사랑 안에서 진리를 말한다면 양무리는 우리를 존경하고 신뢰할 것이다.

징계를 사랑하기

하나님은 우리를 사랑하시기 때문에 징계하신다(잠 3:11-12). 아버지께 매를 맞거나 어머니께서 차열쇠를 주지 않으시는 것이 결코 즐겁지는 않다. 나는 어릴 적에 벌받는 것을 부모님이 나를 싫어하고 있다는 증거라고 생각했다. 성인기에 들어서자 부모님이 징계하시는 방법이 나의 의지와 성격을 형성해 왔다는 새로운 이해를 갖게 되었다. 부모가 된 지 18년이 지나자 자녀를 징계하는 일의 고통스러움과 필요성을 모두 알게 되었다.

양을 징계하는 것은 첫째로 그들을 바른 기준에 의해 교육하는 것을 의미한다. 그 기준은 성경 말씀에 순종하고 예수를 따르는 것이다. 하지만 징계에는 바로 잡음도 포함된다. 하나님의 자녀가 불순종할 때 목사는 그 무례한 자가 죄를 인식할 수 있도록 계속 죄에 거하는 일의 결과에 대해 들려주는 성경으로부터 경고하며 회개를 촉구해야 한다. 마태복음 18:15-17에서 예수님이 윤곽을 그리고 있는 말씀은 잃은 양에 대해 목자가 보여야 할 반응이다. 그것은 개인적으로 가서 권고하고, 듣지 않으면 친구와 함께 가서 권고하고, 그래도 듣지 않으면 양무리에게 고하는 것이다. 목사의 시각은 무례한 자를 '적'으로 보지 않고, 단지 가난한 형제와 자매로 이해할 것이다. 목사의 징계는 감정적이거나 혹독한 것일 수가 없다. 그것은 그 무례한 자를 그리스도의 형상을 따라 지음 받은 자로 보는 진실한 마음에 따라 시도된 것이 분명하다. 징계의 목표는 심판이 아니라 치유와 회복이다(갈 6:1을 보라).

우리가 죄를 진지하게 다루고 양무리를 떠나 방황하는 신자들을 사랑을 가지고 찾아가는 것을 회중이 알 때 그들은 목자가 양을, 심지어 속 썩이는 양까지도 사랑한다는 사실을 인정할 것이다.

인내

양과 나의 실제적인 만남은 실망스러운 것이었지만 견문을 넓혀 주었다. 한 친구가 가족 농장으로 나를 초대했다. 그의 자녀들은 여름이 끝날 무렵에 개최되는 그 지역의 4H 클럽 품평회에서 심사를 받을 어린양을 두 마리 키우고 있었다. 그 양들의 일과표의 일부는 근육을 단련시키기 위해 농장마당 둘레를 걷게 하는 것이었다. 그의 아이들이 멀리 떨어져 있는 캠프에 참여하고 있으므로 자신을 도와 양을 훈련시키도록 나를 초청한 것이다. 우리는 양의 목에 밧줄을 묶어서 헛간에서 마당으로 인도했다.

앞서 가던 나의 친구가 예닐곱 걸음을 옮겼을 때 양이 갑자기 멈추어 섰다. 그가 밧줄을 당기자 양은 누워버렸다. 더 세게 당기자 양은 몸을 굴렸다. 내가 인도하려던 양도 짝을 따라 똑같이 행동했다. 우리는 하늘

을 향해 다리를 들고 누워버린 양과 씨름하는 두 명의 극성스런 목자가
되었다. 내 친구는 손을 양털 속으로 넣더니 힘껏 잡아당겨 양을 일으켰
다. 나도 똑같은 행동을 취했다. 우리는 양이 또다시 눕기 전에 세 걸음
을 넘지 않게 앞에서 걸어갔다! 어린양이 우리를 훈련시키고 있다는 사
실을 깨달으면서 양들을 다시 헛간으로 인도했다.

양들이 목자를 익히는 데는 시간이 필요하다. 목자의 목소리의 울림,
행동, 인도 유형, 개인적인 접촉을 기억하는 데 시간이 걸린다는 말이다.
양이 목자를 알고 신뢰할 때까지 협력을 얻는 것은 하나의 싸움이 될 것
이다. 목사는 일하시는 하나님의 손을 보고 싶어하므로 더 신속하게 나
타나도록 변화시키고 싶어한다. 하지만 속도는 하나님이 가장 우선권을
두는 요소가 아니다. 그분은 그리스도를 닮은 성격이 형성되기를 원하신
다.

온유함

"성령의 열매는 … 온유"(갈 5:22-23). 서두르면 양에게 두려움을 불
러일으킨다. 부드러운 접촉은 사랑을 전하며 신뢰를 얻는다. 이것이 양
을 인도하는 것과 모는 것 사이의 구분에 있어 중요한 것이다(사 40:11을
보라). 우리 밖에 있는 양들로 인해 가혹해질 수 있었지만 예수께서는 양
무리를 온유하게 대했다. 베드로는 십자가에 달리기 전에 예수를 모른다
고 부인한 행위에 대해 주의를 받을 만했지만, 예수님께서는 온유하게
"네가 나를 사랑하느냐?"고 세 번 물으셨을 뿐이다. 그 부드러운 반응이
베드로의 마음과 의지를 산산조각 내어 이기적인 겁쟁이를 성령으로 충
만한 용기의 사람이 되도록 준비시켰다.

우리가 온유할 때 양은 돌봄을 받기 위해 우리에게 나아올 것이다. 근무시간이 아니므로 양이 상담이나 치유를 받기 위해 오지 않는다면 양무리와 우리의 관계에 대해 부정적인 메시지를 보내고 있는 것은 아닌지 돌아볼 필요가 있다.

욕설에 희생된 양은 몸과 마음에 가해진 말과 행위로 인한 상처와 기억을 지니고 있다. 그들은 수치심, 죄책감, 자신이 무가치하다는 느낌을 자주 받는다. 어떤 상담수업 시간에 한 사람이 마침내 매도당해온 치욕스런 과거에 대한 이야기를 털어놓고 나서 침묵을 지키던 일이 생각난다. 그 이후의 과정에 대해 말해주기를 기다렸지만 침묵이 계속되었다.

마침내 그 사람이 입을 열어 물었다. "내게 고함치고 싶지 않습니까?"

"왜? 내가 당신에게 고함치려고 할까요?" 내가 물었다.

"내게 일어난 일은 두려운 것이어서 그것이 나를 두려움에 떨게 만들기 때문입니다. 내게 소리지를 만하거든요."

"아니요." 나는 대답했다. "당신은 소중한 사람입니다. 당신은 하나님의 자녀이기 때문입니다. 이 일들이 당신에게 일어났지만 당신은 책임질 필요가 없습니다. 당신은 사랑받을 만한 형제입니다."

후에 그 하나님의 자녀는 내가 비판적이었거나 온유하게 대하지 않았더라면 영원히 하나님을 떠났을 것이라고 털어놓았다. 온유함이 그 사람을 예수에게 가까이 나아가게 만들었다.

나는 온유한 목자가 되는 것이 어려운 길이라는 사실을 알게 되었다. 언젠가 목회 사역의 부담이 나를 짓누르고 있다고 생각할 때 교인들은 내 삶의 스트레스에 대해서 조금도 염려하지 않는 듯이 보였다. 부당하게도 나는 업무회의 석상에서 양무리를 비난한 후에 일어나서 걸어나갔다. 분노로 인해 그릇된 방향으로 나아간 것이다. 그것은 추한 행위였다. 나는 목자 대신에 삯꾼처럼 행동했다. 나는 회중의 감정을 상하게 하고, 성령을 슬프게 하고, 교회의 진보를 방해하고 있었다. 다음에 열린 회의석상에서 나는 지난번에 보인 행위에 대해 사과했지만 목사로서의 체면이 손상되었다. 내가 온유했더라면 변화를 가져왔을 것이다. 개인들로 인해서도 온유함이 양을 예수에게 인도하는 최선의 길이라는 사실을 알게 되었다. 전교회를 대상으로 사과하던 도중에 몇 번이나 중단한 후에 비로소 온유한 교제의 능력을 배우게 되었다. 온유함은 사랑을 전한다.

그리스도에게 순종하기

예수님은 "너희가 나를 사랑하면 나의 계명을 지키리라"(요 14:15)고 말했다. 우리는 순종함으로써 그리스도에 대한 우리의 사랑을 입증한다. 그럼에도 불구하고 우리의 순종은 바른 동기에서 이루어져야 할 필요가 있다. 어린 학생들은 벌의 두려움에 의해 쉽게 자극될 수 있다. 나는 교장선생님 방에 보내져서 말을 들을 때마다 느끼던 두려움을 지금도 잊지 않고 있다. 어린 아이들은 매맞기를 원하지 않기 때문에 순종한다.

두려움 대신에 존경에서 비롯된 순종은 성숙함의 표시다. 어떤 소대에 새로 전입한 병사는 하사관이 복종을 요구할 권위를 가지고 있기 때문에 하사관에게 복종하는 법(그 외의 의무도)을 배운다. 하나님의 자녀들은 그리스도가 왕과 주님이시며 우리에게 사는 법을 들려주시는 권위를 가지고 있으므로 순종해야 한다.

그리스도에게 순종하는 최고의 동기는 우리가 그분을 사랑하기 때문이다. 어느 겨울날 직장에서 돌아오던 어머니가 차도의 눈이 깨끗이 치워지고 양탄자가 청소되고 식기가 설거지되어 건조대에 정돈되어 있는 것을 발견했다. 이것은 허드렛일 목록에서 요구하는 것보다 훨씬 더 많은 노력이 필요한 일이었다.

"왜 이러는 거야?" 놀란 엄마가 아이들에게 물었다.

"그냥 사랑한다는 걸 보여드리고 싶었어요. 엄마!"라고 아이들이 대답했다.

사랑으로 순종하는 것은 하나님이 요구하시는 것을 넘어서 짐을 진다. "나의 하나님이여 내가 주의 뜻 행하기를 즐거워 주의 법이 나의 심중에 있나이다"(시 40:8)라는 말씀은 목자장이 대리목자인 우리에게 찾으시는 내적 반응이다.

목사의 생활양식이 그리스도와 그의 말씀에 대한 순종을 나타낼 때 양무리는 하나님을 향해 불타는 마음을 근무시간 이외에도 인정하게 될 것이다. 아이가 자신의 부모가 서로 사랑하는 줄 알고 안정된 상태에서 자라는 것과 같이 양무리는 대리목자가 선한 목자를 사랑한다는 사실을 알면서 쉴 수 있다. 일반적인 면에서 순종을 말하기는 쉽지만 우리 자신의 순종을 시험하는 데는 실패하기 때문에 자신이 순종을 확인할 수 있는 몇 가지 구체적인 질문을 제시한다.

- 당신이 눈을 통해 마음에 들어가도록 허용하는 것은 무엇인가?(시 101:3)

- 당신의 삶과 생각 속에서 돈은 얼마나 큰 요소인가? (행 20:33, 딤전 6:10)

- 당신은 많은 회중을 섬기는 목사를 부러워하는가? (잠 14:30, 빌 1:5)

- 당신은 매일 하나님과의 시간을 투자하고 있는가? (시 119:164, 막 1:35)

- 당신이 설교한 것을 실천하고 있는가? (고전 9:27)

우리는 자신의 삶을 정직하게 바라보고 그리스도게 순종하고 있는지 확인해야 한다.

사랑을 표현하기

복음서의 어느 곳에서도 예수님께서는 제자들에게 "나는 너를 사랑한다"고 직접 말하지 않는다. 그분이 분명히 그러한 말씀을 했다고 확신함에도 불구하고 어떤 구체적인 본문을 예로 들어 설명할 수가 없다. 하지만 예수님이 제자들을 사랑하신 모습은 요한복음 13장 34절에 분명히 나타나 있다. "내가 너희를 사랑한 것같이 너희도 서로 사랑하라." 제자들은 예수님이 자신들을 사랑한다는 것을 분명히 알고 이해했다. 요한은 특별히 자기사람에 대한 예수님의 사랑을 강조하고 확인하고 있는데 바울도 그 사실을 여러 번 확인하고 있다. 예수는 모든 인간에게 "나는 너희를 사랑한다"고 말씀하시는 하나님 아버지의 방법이다(요 3:16, 롬 5:8, 요일 4:9-10).

자신의 가족에게조차 사랑한다고 말하지 못하거나 말하지 않은 사람들을 알고 있다. 성장한 자녀들이 자신의 기대를 충족시키지 못한다고 생각해온 어떤 사람과의 대화에서 나는 그의 자녀들이 알고 싶어하는 것은 아버지가 그들을 사랑하고 있다는 점이라고 일러주었다. 그는 "내가 너희를 사랑한다"고 한 마디 말만 하라는 나의 제안을 "이제까지 그런 말을 한 번도 한 적이 없기 때문에 지금 와서 그런 말을 할 수는 없다."는 말로 거절했다. 나는 그의 가족에 대한 생각으로 마음이 아팠다.

우리가 "나는 당신을 사랑해요."라는 말을 함부로 사용하지 말아야 하는 것은 사실이다. 이 말은 정직하고도 적절하게 사용해야 한다. 다른 사람을 조종하기 위해서는 결코 사용해서는 안된다. 나는 대부분 이 소중한 말을 전체 회중을 대상으로 사용한다. 개인을 대상으로 사용할 때는 목회적이며 기독교적인 입장에서 사용하도록 주의를 기울인다. 우리가 죄악된 세상에 살기 때문에 "나는 당신을 사랑해."라는 말의 낭만적이고 성적인 의미를 의식해야 하기 때문이다. 양무리와 개별적인 양에 대한 목사의 사랑은 거룩한 것이 분명하다. 하지만 그러한 사랑은 표현되지 않으면 안된다.

언젠가 읽은 글에서 어떤 목사들의 모임에서 한 여성 초청연사가 목사들 각자에게 그들이 섬기는 교회 성도들에게 "여러분을 사랑합니다."[3] 라고 말하도록 도전한 내용을 읽은 적이 있다. 그 이야기가 나를 깨우쳐 주었다. 마침 회중에게 "여러분을 사랑합니다"라고 말하는 것이 다음 주일 대예배 설교와 일치했다. 나는 그 말을 하는 것으로 인해 신경이 곤두서거나 강단에서 내려오거나 당황하지 않고 "여러분을 사랑합니다."라고 말할 수가 있었다. 그리고나서 교회 성도들에 대한 나의 사랑을 정기적으로 분명히 표현하곤 했다. 어느 주일 예배 설교시간에 양무리에 대한 사랑을 표현했을 때 예배 후에 한 방문자가 눈물이 글썽이는 눈으로 내게 인사했다. 그 여성은 목사가 양들을 사랑한다고 말한 것을 평생동안 처음으로 들었다고 말했다. 집으로 돌아가면 자신이 출석하는 교회 목사에게도 꼭 그와 같이 하도록 부탁드리려 한다고 말했다.

고린도전서 13장은 우리가 섬기는 사람들에 대한 우리의 사랑을 평가하는 항목을 보여준다. 성경 강해도 사랑이 없으면 "아무 의미 없는 소리와 격정"에 지나지 않는다. 사랑이 없이 실천되는 목회적 은사는 빈곤을 불러일으킨다. 목회적 희생은 사랑이 없으면 무가치해진다. 다음에 나오는 성경 말씀을 읽고 여러분이 목회하는 양무리에 대한 자신의 관계에 적용하여 평가해 보라.

> "사랑은 오래 참고 사랑은 온유하며 투기하는 자가 되지 아니하며 사랑은 자랑하지 아니하며 교만하지 아니하며 무례히 행치 아니하며 자기의 유익을 구치 아니하며 불의를 기뻐하지 아니하며 진리와 함께 기뻐하고 모든 것을 참으며 모든 것을 믿으며 모든 것을 바라며 모든 것을 견디느니라 사랑은 언제까지든지 떨어지지 아니하나 예언도 폐하고 방언도 그치고 지식도 폐하리라" (고전 13:4-8)

양무리에게 사랑을 받고 있는가?

목사는 자신이 양무리에게 사랑받는다는 사실을 어떻게 아는가? 어떤 목사는 성탄절에 받는 선물에 의해 양무리의 사랑을 확인할 수 있을 것이다. 하지만 사랑은 돈으로 추정될 수 있는 것이 아니다. 마음에서 우러나오는 말과 행위가 가장 중요한 척도가 된다. 교회 성도가 설교를 열심히 듣고 하나님께 순종함으로써 설교에 반응하며 유익한 질문을 던질 때 목사와 양무리의 관계는 심화되고 있는 것이다. 추수 감사주일에 현재 섬기고 있는 교회의 성도들이 한 권의 책을 선물하며 나를 영예롭게 했기 때문에 매우 기뻤다. 그들은 나의 가치 체계를 이해하기 시작하고 있는 것이다!

여러분이 장례식이나 결혼식 후에 가족들과 포옹하며 인사를 나눌 때 여러분은 더 이상 목사가 아니라 그들의 가족이 된 것이다. 회중의 일부가 여러분에게 노하거나 상처받기 쉬움을 무릅쓸 때, 그러한 행위는 그러한 압력에 견딜 수 있는 관계를 믿고 있음을 보여준다. 고난 겪을 때, 그들이 여러분 곁에 있으면 그들은 당신을 사랑하는 것이다. 그들이 당신을 애타게 할 때, 그것은 사랑의 표현이다. 당신을 전임목사와 비교하기를 멈출 때, 당신을 사랑하는 것이다.

여러분이 "하나님께서 목사님을 통해 제게 말씀하십니다."라는 말을 들을 때 그들은 당신을 사랑하는 것이다. 여러분의 책상 위에 작은 선물 꾸러미가 나타나거나 우편으로 친절한 메모가 전해질 때 나의 친구인 여러분은 이 지상에서 천국을 맛보고 있는 것이다.

제8장
심방하기

Visting

누군가를 방문하는 데 시간을 쏟는 것은
그들이 하나님이나 우리에게 모두 중요하다는 것을 전해준다.
그리고 그들의 말과 생각에 귀를 기울이고 그들을 위해 기도함으로써
우리는 그들의 삶에 함께 하시는 하나님의 임재를 일깨워 준다.

8장
심방하기

“내가 친구 내 양의 목자가 되어 그것들로 누워있게 할지라

그 잃어버린 자를 내가 찾으며 쫓긴 자를 내가 돌아오게 하며

상한 자를 내가 싸매어 주며 병든 자를 내가 강하게 하려니와

살찐 자와 강한 자는 내가 멸하고 공의대로 그것들을 먹이리라”

(겔 34:15 - 16).

“이에 의인들이 대답하여 가로되 주여 우리가 어느 때에

주의 주리신 것을 보고 공궤하였으며 목마르신 것을 보고

마시게 하였나이까 어느 때에 나그네 되신 것을 보고 영접하였으며

벗으신 것을 보고 옷 입혔나이까 어느 때에 병드신 것이나 옥에 갇히신

것을 보고 가서 뵈었나이까 하리니 임금이 대답하여 가라사대

내가 진실로 너희에게 이르노니 너희가 여기 내 형제 중에 지극히

작은 자 하나에게 한 것이 곧 내게 한 것이니라 하시고”

(마 25:37 - 40).

어떤 교회들은 체험을 소명으로 언급하는 반면 다른 교회는 심방을 소명이라고 말한다. 심방은 교회에 전혀 출석하지 않는 사람이나 처음으로

"

출석한 사람들을 목적으로 이루어진다. 교회 공동체의 구성원에 대한 직접적인 주의를 나타내기 위해 실시되기도 한다. 나는 심방이라는 용어를 단지 교회 사무실을 벗어나 사람들과 대면하여 대화를 나누는 행위로 표현하기 위해 사용한다.

나는 성도들이 병원에 입원 중이거나 고등학교 레슬링 시험을 관람하고 있을 때라도, 그들을 방문하기 좋아한다. 교회건물 밖에서 교회 성도와 함께 있을 때 나는 그들이 진정으로 좋아하는 것이 무엇인지를 알게 되며, 그들은 나를 지금까지와 다른 시각으로 보게 된다. 로스코우에서 가장 친밀한 교우관계의 하나는 그 지역에 새로 이사와서 교회에 출석한 지 얼마 안되는 성도의 정원에서 어느 오후를 보낸 경험에서 시작되었다. 우리는 그 오후가 채 지나기도 전에 서로에게 공통점이 많다는 점을 발견하고 굳건한 유대를 유지해 왔다. 집으로 돌아가려고 차를 세워둔 곳으로 가는 동안에 그 성도가 "다른 목사님들은 어떤 분들일지는 몰라도 목사님은 정말 진정한 남자입니다."라고 한 말을 칭찬으로 받아들였다.

하지만 요즈음의 목자들이 전자 우편이나 팩스로 양무리를 방문하는 데 시간을 투자해야 할 이유가 무엇인가? 비인격적인 접촉이 그처럼 신속하게 확산될 때 왜 얼굴을 직접 대면하는 만남을 싫어하는가? 시간이 그처럼 소중하다면 왜 그것을 개인이나 가족을 위해 사용하는가?

하나님은 각자의 하나님이시다. 우리는 성경의 '낳고' 라는 이야기를 읽는 것을 회피하려 한다(마태복음 1장을 보라). 그 이유는 그 구절들을 싫어하기 때문이다. 하지만 그 속에 나오는 이름들은 하나하나 하나님께 대한 개인의 중요함을 가리킨다. 하나님은 이름을 통해 우리를 아시며 (사 43:1; 요 10:3) 개인적으로 관계를 맺으신다(아브라함과 이삭과 야곱의 하나님이 그 예이다). 누군가를 방문하는 데 시간을 쏟는 것은 그들이 하나님이나 우리에게 모두 중요하다는 것을 전해준다.

사람들을 만나는 시간을 가지고 그들의 말과 생각에 귀를 기울이고 그들을 위해 기도함으로써 우리는 그들의 삶에 함께 하시는 하나님의 임재를 일깨워준다. 찰스 제퍼슨은 목사라는 단어가 우리의 소명을 밝혀주며 남아있는 한 가지 이유는 '목사' 와 밀접하게 연관된 '목자' 라는 단어가 선한 목자이신 예수를 즉시 마음에 상기시키기 때문이라고 주장했다.[1]

성도들의 가정을 심방하는 시간을 냄으로써, 우리는 정상적인 환경에서 그들을 만날 수 있는 기회를 가지게 된다. 주일 아침에 교회에서 만나면 미소와 협력은 단지 가장이 될 것이다. 그들의 거실에 앉아 있기 때문에 여러분은 그들이 읽는 책을 보고, 그들이 듣고 있는 테이프를 발견할 수 있으며 그들이 다른 사람에게 이야기하는 법을 발견하게 될 것이다.

의도적으로 사람들과 함께 일을 의논하고, 시간과 힘을 투자하는 것은 우리가 그들에게 관심을 가지고 있다는 메시지를 보내는 것이다. 확장하는 것은 하나님이 그들에게 관심을 가지고 계심을 의미한다. 대부분의 회중은 목사가 분주함에도 불구하고 그들을 위해 시간을 낼 때, 그들은 자신이 하나님과 교회와 우리에게 소중한 존재인 것이 분명하다고 느끼게 된다.

신입교인 심방하기

어떤 목사는 예배에 새로 출석한 모든 가족들을 즉시 심방한다. 그러나 나는 더 이상 그와 같이 즉시로 심방하지 않는다. 나를 즉시 만나기 원하는 사람들은 교회나 목사에게 어떤 요청을 하고 싶은 안건을 가지고 있는 경우가 많다는 사실을 오랜 기간에 걸쳐 깨달았다. 그밖에 사람들은 목사가 그처럼 신속하게 심방하는 일을 위협으로 받아들일 수 있다. 우리 교회에서는 예배에 참석하고 교회에 등록한 성도들에게 함께 예배드리게 된 일에 대해 감사하며 우리 교회를 소개하는 서신을 보낸다. 그때 예배 시간과 연중계획서를 수록한 소책자를 동봉한다. 그리고 그 가족이 여러 주 동안 빠짐없이 예배할 때 그 가정을 방문하도록 계획을 세운다. 그러한 대화는 지속적인 관계로 발전되는 경우가 더 많다.

신입교인 가정을 방문할 때 모든 목회적 심방이 만나자는 공식적인 요청으로 시작하거나 가정에서 만나야만 하는 것은 아니라는 점을 명심해야 한다. 아내와 나는 그 지역의 커피숍이나 레스토랑에서 신입교인을 만나는 경우가 많았다. 목사가 집으로 찾아가 심방하는 것보다 중립적인 분위기가 회중을 더욱 편안하게 만들어주는 경우가 많기 때문이다.

예배에 출석한 가족을 심방할 때 보통 이전에 출석한 교회와의 관계에 대해 묻는 경우가 많다. 가족 구성원의 신앙적 혈통도를 물어보는 경우도 많다. 그들이 찾고 있는 교회유형의 특성을 묻고 그들에게 우리 교회는 완벽한 상태에 있지 않음을 일깨워 준다(그 원인의 일부는 이처럼 부족한 목사가 이끌기 때문이다). 대화를 나누는 동안에 그들의 구원이해를 분별하며 그리스도에 대한 그들의 관계에 대해 물으려 힘쓴다. 헤어지기 전에 성경을 읽고 기도한다. 지금까지 어떠한 가족도 그러한 특권을 거부한 적이 없다. 그들을 곧 우리와 함께 예배드리도록 초청하고 그들이 돌아갈 때 각 가족들의 이름을 불러 인사하도록 준비한다.

직장 심방

　　내가 양들이 사는 세상을 이해하는 데 가장 좋은 방법 중의 하나는 그들의 직장이나 학교를 방문하는 것이다.[2] 그 교회 임원을 점심시간 동안에 만난다면 그의 사무실까지 데리러 갈 수 있는지 물어볼 것이다. 약속시간보다 조금 전에 도착하여 대기실에 앉아있는 동안 그 사람의 일터의 환경과 문화에 대한 정보를 들을 수 있다. 내가 어떤 친구의 사무실을 방문하기 전까지는 하루동안 그를 찾는 전화가 얼마나 자주 울리고 전국에 퍼져있는 다른 사무실 관계자들과 얼마나 많이 통화해야 하는지 상상하지 못했다.

　　교사와 관리자는 수업(근무)시간을 중단시키는 행위를 환영하지는 않지만 수업시간 사이의 휴식시간에나 학교 수업이 끝난 후에 친숙한 얼굴을 만나는 것은 즐거워한다. 지금까지 목회해 온 교회마다 공립학교와 사립학교에 근무하는 교사가 있었다. 가르치는 것은 감당하기 벅찬 직업이지만, 특히 공립학교 교육체계 속에서 근무하는 오늘날의 그리스도인들의 기량과 끈기를 높이 존경한다. 때론 그들의 일을 중단시킴으로써 (사전에 약속한 대로) 그들이 내게 얼마나 중요한지를 말하고, 그들의 사역과 환경이 그리스도의 나라에 중요한 것으로 생각한다는 뜻을 전달한다. 수업시간이 다 끝날 때까지 얘기를 나눌 수는 없으므로 대개 자료를 남기거나 전화메시지에 대한 개인적인 대답을 전하는 경우가 포함된다.

　　학생들은 학교에서 나를 보고 처음에 놀라움을 나타낸다. 그들은 "데이브 목사님, 여기에 어떻게 오셨어요?"라고 마치 학교가 목사에게는 출입금지 구역이라도 되는 것처럼 물어본다. 나는 학교 직원을 만나러 왔다고 말하면서 또한 그들을 챙긴다! 시간이 있다면 수업은 즐겁냐고 묻고 나서 그들에게 축복의 말을 남기고 그곳을 떠난다.

여기에 나의 요점이 있다. 목사가 회중의 영역에 시간을 쏟는다면 그들은 우리의 영역에 들어오는 것을 더욱 편히 여길 것이기 때문이다. 그들의 세계에 들어감으로써 우리는 성(聖)과 속(俗)에 대한 인위적인 구분을 깨뜨린다. 성도의 일터나 공부하는 장소에 목사가 나타나는 일은 하나님이 주일날 교회에서만 아니라 어느 곳에서나 활동하신다는 것과 우리가 그들을 찾는일을 즐거워 한다는 것을 들려준다.

"나이드신 성도"심방하기

더 이상 출근부 도장을 찍지 않는 연로한 성도들과 시간을 보내는 것은 하나의 즐거움이다. 내가 받은 가장 훌륭한 지혜와 인내하는 격려는 일생동안 주님과 함께 살고 사랑하며 동행한 그들로부터 얻은 것이었다. 그들은 대개 커피 주전자를 끓이고 있다!

카렌과 그의 딸은 거의 매달 한 번씩 커피와 스웨덴 풍으로 구운 과자를 준비해 놓고 나를 초청했다. 첫 해가 저물어갈 때까지는 그들의 삶과 배경의 일부, 교회와 동네에서 일어나는 일들에 관해 이야기를 나누었다. 그 이듬해 말 즈음에 카렌은 "목사님, 무얼 좀 물어도 될까요?"라고 물으며 대화를 시작했다. 카렌이 그런 투로 물어볼 때면 언제나 중대한 폭로가 임박했음을 의미한다.

그는 자신이 10대였을 때 선교사로 하나님의 부르심을 받았으나 환경과 가족의 만류에 의해 그 부르심에 따르지 못했다고 얘기했다. 그 때 80

세가 다 되었는데도 어떤 벌을 받을는지 몰라 슬퍼하며, 하나님이 그에게 분노하실까봐 두려워하고 있었다. 그 대화의 깊이에 의해 놀란 나머지 나는 거의 아무 말도 하지 못했다. 카렌은 후에 선교에 대한 소명을 회피한 문제를 꺼낼 때에도 예수와 자신의 관계에 대한 평안함을 가지고 이야기할 수 있게 되었다.

또 다른 때에 어떤 정년 퇴직자 부부를 방문하기 위해 연락도 없이 그 집을 방문했다. 우리의 관계는 매우 좋았기 때문에 방문하기 곤란한 때였으면 그들이 사전에 알려 주었으리라는 것을 알고 있었다. 도착한 지 10분도 채 못되어 그들은 자신들의 장래 문제를 꺼냈다. 그것은 전혀 예상하지 못했던 문제였으나 우리는 그 문제에 대해 철저히 의논하며 그들이 어떤 결론에 이르도록 도와주었다.

이와 같은 관계를 맺는 데는 시간이 걸리지만 한번 토대가 확립되면 그 유대관계와 교분은 빈틈없이 짜여질 수 있다.

가정 심방

가정 방문을 하는 것은 여러 가지 유익이 있다.

우리교회 성도 중에는 숙련된 정원사가 여러 명 있는데, 토마토와 꽃들에 관해 그들과 상담하는 것은 수지가 맞는 일이었다(그리고 때론 무료로 견본 모종도 주었다). 부모가 새로 태어난 자녀의 유아세례식이나 사랑하는 가족의 죽음으로 유가족이 슬픔에 잠겨 있을 때 목사의 방문은 꼭 필요한 것이다. 특별한 인정을 받은 어떤 학생을 축하하기 위해서 혹은 소속팀이 큰 경기에서 진 학생을 위로하기 위해 가정을 방문하는 것은 다리를 놓는 기회가 된다.

어떤 가족이 잠시라도 교회에서 보이지 않을 때 가정 심방에 적당한 시간을 찾기 위해 전화한다. 그리고 대화 도중에 어떤 문제가 있는지 물어본다.

계획된 심방을 하기 전에 여러 날 동안 그 문제를 놓고 기도한다. 물어야할 질문과 의논할 문제가 생각이 나도록 하나님께 구한다. 그들의 싸움과 기쁨을 마음에 떠올리도록 나의 기도 목록을 점검한다. 그 집 문을 두드릴 때 할 수 있는 한 내가 그리스도를 위한 영적인 면에서나 관계적인 면에 있어서 그들을 대할 준비가 되어 있기를 원한다.

심방할 때마다 나는 예수를 대화에 포함시키려 한다. 하지만 그분의 이름과 그분에 대한 관심이 명백한 안건이 되기보다는 근본적으로 나타나기를 원한다. 대개 나는 질문을 하고 나서 그 대답에 따라 논의의 방향을 전개해 나가도록 한다. 나의 질문 목록에는 다음과 같은 것들이 포함된다.

- 당신은 삶의 현단계에서 자신을 예수의 제자로서 어떻게 평가합니까?
- 여러분을 위해 기도해드려야 할 어떤 주요한 문제에 직면하고 있습니까?
- 가족 관계는 좋은 상태를 유지하고 있습니까?
- 성경을 살아있는 말씀으로써 읽은 것은 언제입니까?
- 최근에 체험한 기도의 응답은 어떤 것입니까?

물론 질문은 나이와 상황 적절한 것이어야 한다. 대화가 일시적으로 중단되고 다음에 무슨 말이 나올는지 아무도 확신하지 못할 때 여러분을 주춤거리게 만드는 근원은 무엇인가? 나는 성경을 펴고 한 구절을 읽은 다음 기도한다.

또한 가족에게 남길 만한 것을 제공하려 한다. 많은 교파에서는 복음을 나누고 신자에게 훈련을 위한 도전하는 잡지를 발행한다. 채소 재배기에는 신선한 야채나 과일을 남긴다(그들이 감사하게 생각할 때 한해서). 애플파이는 언제나 미소와 함께 받아들여진다. 끓인 차를 좋아하는 성도에게는 초이스커피 원두를 준다.

어떤 가정 심방은 마주 대하기가 어렵다. 나는 마지막에 어떤 대화를 나눌까 하고 고민하지 않는 어떤 목자를 알고 있다. 그는 단지 큰 소리로 기도하고 '아멘' 이라고 말할 때 심방이 끝난다. 하지만 우리 중의 대다수는 그처럼 대담하지 못하다. 나는 사전에 그 방문시간이 얼마나 지속될지 정하려 한다. 그 시간이 지나기 전에 기도를 하고 "안녕" 이라고 말한다.

어떤 때는 목사의 퇴장이 어떤 사람의 입을 열게 할 수도 있다. 여러분이 떠나려고 할 때 그들은 자신의 문제를 다룰 기회를 놓치는 것을 두려워하므로 '무거운 짐을 내려놓는다.' 여러분이 방문할 필요가 있는 성도가 그러한 기질을 가지고 있다고 생각되면 당신은 15분 후에 떠날 준비를 할 수 있으며 그 이후로 45분 동안 어떤 문제를 해결할 수 있을 것이다. 하지만 문제를 듣기 위해 한 시간을 쏟아야 한다면 가장 좋은 반응은 다음 심방을 계획하는 것일 수도 있다. 여러분이 다시 심방할 때는 본론으로 직접 들어간다.

병원 심방

교회의 한 성도가 수술을 받으려 한다는 사실을 알게 되면 그들이 수술실에 들어가기 전에 그들의 손을 잡고 기도하기 위해 병원에 도착해야 하는 계획이 최우선적으로 맞추어져야 한다. 그 시간은 오전 6시나 그 이전일 수도 있음을 의미하지만 의사, 간호사, 의료기사, 환자가 거기에 있다면 나도 그와 같이 할 수 있다. 수술하기 이전에 받는 검사와 준비하는 시간 사이에 나는 성경을 읽고 기도한다. 환자와 의료진과 대기실에서 수술 진료시간을 기다리며 시계를 쳐다보고 있는 가족들을 위해 기도한다. 수술 받기 전에 목사의 심방은 "하나님이 이곳에 계신다."는 사실을 확신시키며 모든 사람의 현재에 안정감을 가져다 준다.

성도가 수술이 연기된 채 기다리고 있을 때 병원에 심방했으면 환자 교회가 연결되어 있음을 생각하도록 도와주고 영적인 문제에 관해 천천히 얘기할 수 있는 기회를 가질 수도 있다.

병원은 환자에게 비인격적이며 품위를 잃게 만들 수 있는 곳이므로 나는 언제나 병실에 들어갈 때 주의한다. 대개 간호사들이 근무하는 곳에 멈추어서 어떤 환자의 목사로서 신분을 밝히고 나서 방문하기에 적합한 시간인지 묻는다. 환자가 치료를 받고 있거나 회진 시간이면 환자가 자유로이 만날 수 있을 때까지 병실 밖에서 기다린다. 다른 가족이나 친구들이 간호하고 있다면 심방시간을 짧게 줄인다.

병원에 있는 경험은 비록 사소한 이유 때문이라도 개인의 삶에 다른 빛을 던져준다. 어떤 사람들은 믿기 어려울 만큼 자신의 삶, 믿음, 미래에 대해 열린 자세를 가지게 된다. 다른 사람들은 믿을 수 없을 만큼 과묵해

지면서 육체적 한계나 죽음의 가능성에 대해 생각하고 싶어하지 않는 모습을 보여준다.

죽음을 준비하는 것에 관해 대화를 강요하지 않고 한 개인의 느낌을 논의할 가능성을 만들어내는 질문을 던진다. 수술에 들어가기 전에 성도와 기도하는 시간에 나는 그들이 예수를 구세주와 주님으로서 신뢰하는지 묻는다. 성공적인 수술과 치유를 바라며 기도하지만 무슨 일이 일어날지는 아무도 알 수 없다. 사랑하는 사람을 다시 보지 못할지도 모르는 채 수술실로 보내는 가족들이 있다. 한 개인이 그리스도와의 관계와 그들의 영원한 장래의 상태를 아는 일은 미래에 대한 확신과 현재의 마음의 평화를 제공한다.

요양시설 심방

요양소를 방문하는 일은 정서적으로나 관계적인 측면에서 곤란한 일이 될 수도 있다. 어떤 요양 환자는 그곳에 있기를 원하지 않으며 가족에게서 떨어져 있다는 비탄으로 인해 다른 문제에 대한 대화가 가로막히는 수가 있다. 알츠하이머병에 걸린 환자들은 영적 돌봄을 받을 필요와 가치가 있지만 기억의 상실은 전달을 가로막는 정체성의 상실에 영향을 준다. 차츰차츰 쇠약해지는 소모적 질환과 싸우는 환자들은 그들 자신의 비탄의 종류를 다룬다. 하지만 이 모든 사람들은 하나님의 형상을 따라 지음받았으며, 그리스도에게 속했으므로 우리의 형제와 자매인 동시에 영적인 돌봄을 받아야 할 양무리에 속한 양이다.

밀드레드의 가족과 친구들은 그녀의 태도가 달라진 것을 알았지만 그

것을 그녀의 독특한 성격이라고 말했다. 하지만 얼마 되지 않아 무엇인가가 잘못되었다는 사실이 명백히 드러났다. 최초의 진단은 그녀가 여러 번의 작은 발작을 일으켰다는 것이었다. 그 때 '치매'라는 용어가 사용되었다. 최종 진단은 알츠하이머병이었다. 그녀가 스스로 빵과 컵을 사용할 수 없을 때까지 나는 밀드레드에게 성찬을 나누어 주었다. 그녀가 더 이상 나를 기억하지 못할 때에도 주의 기도를 암송하고 있었다. 따라서 매번 심방할 때마다 주의 기도를 한 목소리로 암송하며 마치곤 했다.

어느 날 오후 밀드레드를 만나러 가는 도중에 만난 동료 목사가 내게 "무슨 일로 이런 연옥에 오셨소?"라고 물었다. 그가 한 말을 이해하는 동안 그가 그처럼 퉁명스럽다는 사실에 충격을 받았다. 나는 밀드레드 성도와의 관계를 들려주었다. 하지만 그 때 내가 덧붙이고 싶은 말이 있었다. "나도 어느 날 같은 싸움을 싸우며 밀드레드의 병실과 같은 곳에 앉아 있을지도 몰라. 부디 목사님이 오셔서 나를 하나님의 사랑으로 확신시켜 주실 것이라고 생각하고 싶네."

마침내 밀드레드는 전혀 말을 하지 못하게 되었다. 주께서 그녀를 본향으로 부른 것은 축복이었다. 하지만 밀드레드의 죽음은 좀처럼 익숙해지기 어려웠다.

갑작스런 방문자

갑작스럽게 심방이 이루어지는 경우가 있다. 때로는 교회 서재에 있는 동안에 어떤 성도가 예고 없이 찾아와 만나기를 청하기도 했다. 나는 이러한 행위를 친밀함을 나타내는 것으로 이해했다. 하지만 시간계획에

따라 움직이므로 내가 언제나 이러한 일을 즐기는 것은 아니었다. 그럼
에도 불구하고 대부분의 시간 중에 몇 분 동안은 혼자서 자유로이 말할
수 있다. 어떤 사람의 가슴이나 마음을 짓누르는 것이 있다면 우리는 그
것을 즉시 나눌 수 있다. 더 긴 대화를 원한다면 가까운 장래에 그가 가진
관심을 나누기 위해 만날 시간을 정한다.

어떤 양은 불시 방문의 특권을 남용한다. 어느 날 한 사람이 사무실에
들어오더니 비서에게 다음과 같이 말했다. "치료를 위해 치과에 왔는데
새로 만들어 가지고 집에 돌아가려면 두 시간이 걸린대요. 그 때까지 두
시간을 보내야 하기 때문에 목사님이 바쁘신지 보러 오고 싶었어요." 비
서는 그에게 내가 바쁘다고 설득하여 두 시간 동안의 방해에서 벗어날 수
있었다.

지역 행사 참여하기

나는 특히 교회의 성도들과 지역 운동경기나 음악회에서 함께 얘기하
며 시간 보내는 일을 즐긴다. 모든 학부모는 누군가가 와서 자녀들의 공
연을 보아준다는 것을 기뻐하고, 대부분의 학생들은 목사가 그들의 레슬
링 경기를 관전하거나 성가대와 함께 노래하는 것을 듣기 위해 찾아올 만
큼 관심을 가지고 있다는 것을 알고 행복해 한다.

리틀리그 야구경기의 투구 사이에 아빠는 자신의 직장 업무에 대한 압
력과, 십대인 딸의 남자친구로 인해 편치 않은 점을 털어놓을 수도 있다.
엄마는 협주회 사이의 휴식시간 동안에 자신의 재정 상의 어려움에 대해
이야기할 수도 있다. 주일 오후에 지역에서 열리는 협주회 동안에 도움

이 필요한 가족을 알게 된, 우리 교회는 그 주(週)의 마지막 날까지 그 가족에게 어떤 도움을 줄 수 있었다. 내가 집에서 낮잠을 자고 있었더라면 그 가족과 관계를 맺을 기회를 놓치고 말았을 것이다.

성도들이 속해 있는 행사에 참여하는 시간을 마련함으로써 성도들의 삶은 여러분이 귀한 시간을 들인 만큼 소중할 뿐 아니라 여러분이 그들에게 관심을 가지고 있으며 예수께서 그들을 사랑하신다는 메시지를 전하게 된다.

임종을 앞둔 사람 심방하기

우리는 모두 죽음을 향해 나아가고 있지만 어떤 사람은 그것이 임박하고 있다는 것을 알고 있다. 양무리 중의 한 사람이 불치선고를 받았을 때 그 자신과 가족에게 슬픔이 시작된다. 병이 진전됨에 따라 죽을 수밖에 없다는 사실과 꿈과 독립의 상실은 피할 수 없는 것이 된다. 어떤 가족들은 사랑하는 이를 임종을 맞이할 호스피스 시설로 옮기기로 결정한다. 호스피스 요원들은 죽어가는 사람을 돌보는 일을 능숙하게 감당한다. 가족에게는 사랑하는 이의 생의 마지막과 그들이 겪게 될 일에 대해 준비시킨다.

죽음에 대해 말하는 것은, 특히 죽어가고 있는 사람에게는 우울한 일이 아니다. 어떤 사람은 불치병 환자에게는 병명을 알리지 말아야 한다고 믿고 있다. 나는 그러한 주장에 동의하지 않는다. 그 이유는 그 환자를 간호하는 모든 사람들이 거짓된 삶을 사는 결과가 되기 때문이다. 그것은 환자가 사실을 알고 영원을 준비할 기회를 거부하는 것이다.

그리스도인은 확신과 소명을 가지고 죽음을 말할 수 있다. 그리스도께서 부활하셨으므로 죽음은 영광으로 들어가는 관문이다. 죽음은 우리에게서 함께 지내며 사랑을 나눌 시간을 빼앗아 가지만 결코 최후의 종착역은 아니다. 그리스도께서는 다시 한번 모든 성도들을 함께 모으신다(요 14:3). 바울 사도는 "죽는 것도 유익하다"(빌 1:21)고 말했다. 슬퍼하는 유가족에게 유익이란 즉시 보기 어렵다는 것이다. 하지만 신자에게 하나님의 임재 안에 존재하는 것과 비교할 수 있는 일은 아무것도 없다.

신약성경은 죽음을 "잠"으로 언급하는 경우가 많다(고전 15:18, 51 ; 살전 4:13, 15을 보라). 우리는 긴 고난기의 마지막에 잠드는 것을 두려워하지 않는다. 그것은 우리에게 유익하기 때문이다. 그리스도인이 죽음을 두려워할 필요가 없는 또 다른 이유는 그리스도께서 우리의 대적을 이기셨기 때문이다. 육신에서 떠나 있는 것은 주님과 함께 지냄을 의미한다(고후 5:8).

천국에 관한 대화는 매우 적절한 것이다. 실제로 천국과 영원에 대해 성경이 가르치는 내용에 대해 계속 언급하는 일은 임종을 앞둔 사람을 심방하는 동안 주제가 된다.

죽어가는 사람의 임종을 앞두고 심방요청을 받을 때면 나는 임종을 앞둔 성도와 그리스도의 관계에 대해 빠짐없이 묻는다. 가능하다면 다른 사람들도 들을 수 있게 그의 믿음을 고백하도록 요청한다. 유가족들에게 사랑하는 이의 믿음과 장래 상태에 대해 아는 것은 위로의 가장 깊은 근원이 된다. 또한 깨끗한 양심으로 임종을 맞을 수 있도록 고백할 필요가 있는 죄는 없는지 묻는다. 주님께서 그분의 자녀를 영광 중에 취하실 때, 그것은 거룩하고 신비로운 순간이다. "성도의 죽는 것을 여호와께서 귀중히 보시는도다" (시 116:15).

심방시에 할 일과 피할 일

여러분이 심방의 성격과 상관없이 언제나 지켜야 할 여러 가지 지침이
있다.

첫째, 여자 성도가 혼자 있을 때는 심방을 피한다.[3]
심방을 받는 성도와 여러분 자신을 보호하기 위해 사모
와 함께 심방하는 것이 좋다. 목사가 자신의 가족이 아닌
여성과 홀로 점심식사를 하는 것도 적합하지 않다.

둘째, 집으로 방문할 것을 약속한다. 이것은 그 가족
의 계획에 대한 존중을 보여줄 뿐 아니라 여러분이 시간
계획을 조정하는 일에 도움을 준다.

셋째, 병원심방은 가급적이면 짧게 한다. 수술 환자
들에게는 휴식이 필요하며 의료진들도 환자가 검사나 수
술을 받기에 도움이 되는 상태에 있기를 원하기 때문이
다.

넷째, 예수께서 대화 속에 함께 하심을 확신시킨다.
개인의 기도 생활과 제자도의 실천에 관해 묻는 것은 대
화를 영적인 문제로 이끄는 하나의 방법이다.

다섯째, 가능할 때마다 성경의 위로가 되는 구절을
읽고 기도해 준다. 설교하지 말아야 한다!

최근에 암과 1년 간 투병하다가 마침내 주님 품에 안긴 연로하신 성도를 위한 추모예배를 인도했다. 그를 만나러 요양소에 자주 갔었기 때문에 그의 믿음에 관한 이야기를 생생하게 알고 있었다. 그러므로 그의 가족 앞에 서서 "고인은 예수 그리스도를 주님과 구주로 믿었기 때문에 지금 예수와 함께 하늘에 계십니다."라고 단언할 수 있었다. 또한 그러한 심방을 통해 나의 마음은 부요로와진다. 나는 불평없이 고통을 겪는 법에 대한 경건한 실례와 가족들이 신실하게 사랑을 베푸는 것을 목도했다.

선한 목자는 양이 어느 곳에 있든지 찾아나선다. 자신들만을 위해서가 아니라 목자를 위해서이기도 하다.

제9장
위로하기

Comforting

슬퍼하는 자들과 함께 하는 사역을 결코 과소평가하지 말아야 한다.
위로 사역은 목사가 양의 상처를 돌보고
아픔을 느낄 수 있을 만큼 가까워지는 것을 요구한다.

9장
위로하기

"위로하라 내 백성을 위로하라"

(사 40:1).

"찬송하리로다 그는 우리 주 예수 그리스도의 하나님이시요

자비의 아버지시요 모든 위로의 하나님이시며 우리의 모든 환난 중에서

우리를 위로하사 우리로 하여금 하나님께 받는 위로로써

모든 환난 중에 있는 자들을 능히 위로하게 하시는 이시로다"

(고후 1:3 - 4).

'위로' 라는 말의 어원적 의미는 '의지하는 것과 함께' 이다. 위로한다는 것은 다른 사람에게 다가가 서로 어깨동무하고 그들이 앞으로 나아갈 힘을 얻기 위해 여러분을 의지하도록 만드는 것이다. 위로 사역은 목사가 양의 상처를 돌보고 아픔을 느낄 수 있을 만큼 가까워지는 것을 요구한다.

어떤 목사는 불치병에 걸린 사람의 장례식을 치러야 할 집 방문하기를 꺼린다. 이것은 이해할 수 없는 행위이다. 목사는 예수께서 죽으심으로써 죽음을 극복했다는 사실을 선포하며 살라고 부름받았기 때문이다. 사

망의 음침한 골짜기에서 목회적 돌봄을 베푸는 데 실패하는 것은 우리가 전하는 메시지의 핵심을 제거시키는 행위이다. 신실한 목자는 목자장이 그들을 본향으로 취하시기 전에 그러한 힘든 생의 마지막 날들 가운데에 양과 함께 있어야 한다. 우리가 기꺼이 사망의 음침한 골짜기에 있는 것을 보여줄 수 없다면, 왜 회중이 우리에게 삶의 문제에 대한 도움을 요청하겠는가?

슬픔은 모든 종류의 상실에 대한 정상적인 반응이다. 죽음은 슬픔을 일으키는 유일한 원인이 아니다. 우리가 섬기는 성도들은 자녀가 대학에 다니기 위해 집을 떠날 때, 직장에서 해고되고, 이사해야 할 필요성(정든 곳을 떠나는 것이나 이사하는 것은 고통스럽다)이 생길 때, 이혼, 수술, 중한 질병에도 슬퍼할 수 있다. 많은 사람과 노력을 요구하는 특별한 사건의 결론도 슬픔을 가져올 수 있다. 하지만 죽음은 가장 깊은 슬픔의 원인이 된다. 이 장에서는 슬픔의 대상이 많은 원인들을 가정함에도 불구하고 죽어가는 것과 죽음에 대한 반응에 초점을 맞추려고 한다.

슬퍼하도록 허용하라.

주의 깊은 목자는 양에게 슬퍼할 수 있도록 허용하며 슬퍼하는 시간을 줄 것이다. 슬픔은 자연스러운 것으로 심각한 육체적, 관계적, 정서적, 영적 결과를 가져오기 마련이다. 예수께서 나사로가 죽은 후에 베다니에 도착했을 때 마르다와 마리아가 늦게 도착하신 예수님께 보인 실망스러워하는 태도를 꾸짖지 않으셨다. 오라비의 죽음으로 인한 그들의 괴로움을 이해하시고 그들의 감정을 표현하도록 허용하셨다(요 11장).

대부분의 사람들은 가족의 장례식에 참여하도록 직장에서 3일 간 휴가를 받은 다음에 전과 같이 일에 전념하도록 요구받는다. 그것은 불가능한 일이다. 사랑하는 가족을 잃어버린 데 대한 슬픔을 극복하는 데는 2년이 필요할 수도 있다. 여러분은 성도들에게 더 오랜 시간을 슬퍼해도 괜찮다고 가르쳐야 한다.

의문을 가지도록 허용하라.

슬픔에 싸인 사람들은 가족의 죽음에 담긴 의미를 이해하려고 애쓰며, 그 사실이 제기하는 많은 의문들의 답을 찾으려고 분투하기 마련이다. 의문은 의심의 표시가 아니라 믿음의 증거이다. 고통 속에서 욥은 많은 의문을 제기한다. 친구들이 욥을 논박했기 때문에 그의 고통은 더욱 늘어만 갔다. 하지만 욥기의 마지막 부분에서 말씀하실 때, 하나님은 욥이 제기한 의문에 대해서 꾸짖지 않으셨다. 상실로 인한 슬픔의 시기에 선한 목자는 사람들의 의문에 귀를 기울이시며 침묵하신다. 설명을 통해서 슬픔을 치유할 수는 없다.

그리스도인과 슬픔에 관해 설교한 후에, 하나님께 의문을 제기하는 것은 그릇된 태도라고 굳게 믿는 성도들에게 여러 번 도전을 받은 적이 있었다. 나의 반응은 성경을 펴서 하나님의 사람들이 의문을 제기한 많은 사례들을 보여주는 것이었다. 시편 42편을 읽고 나서 다윗이 하나님께 "왜?"라고 묻는 횟수를 세어 보라. 시편 22편 1절을 자세히 살핀 다음 그 질문이 갈보리 언덕의 십자가 위에서 예수께서 남기신 질문이라는 것을 기억하라. '나의 하나님, 나의 하나님, 어찌하여 나를 버리셨나이까?'(마

27:46). 예레미야서와 하박국서를 읽고 의문을 강조해 보라. 복음서에서 예수님께 얼마나 많은 질문이 제기되었는지 주목해 보라. 슬픔에 잠긴 사람들이 의문을 제기할 때, 그것은 불신앙이 아니라 믿음의 표현인 것이다.

감정을 표현하도록 허용하라

격렬한 감정은 슬퍼하는 과정의 일부이다. 어떤 사람은 슬픔에 잠기고, 또 어떤 사람은 절망에 빠진다. 모든 기도와 흘린 눈물로 인해 그들은 악몽에서 깨어날 것이다. 최근에 남편을 잃은 여인에게 울지 말라고 말하는 것은, 발목이 부러진 경주자에게 절룩거리지 말라고 하는 것과 같다. 잘 치유하는 목자는 슬퍼하는 자에게 화내지 말라고 하는 대신 더 큰 폭발을 가져오는 분노만을 가라앉히라고 말할 것이다. 어떤 목자는 두려워하는 감정이 아니라 상처받은 양을 신실하게 돌봄으로써 위로한다.

나사로의 무덤에서 보이신 예수의 반응에는 정서적인 부담이 나타나 있다(요 11:38을 읽으라). "통분히 여겼다"는 헬라어 표현은 말의 콧김을 뿜어내는 상태를 나타내기 위해 쓰이는 것으로 사람의 인격 내부의 깊은 곳에서 우러나오는 반응을 의미한다. 예수님께서는 울기도 하셨는데(요 11:35), 눈물을 흘리는 것은 정상적인 행위이기 때문이다. 예레미야애가에 나타난 예레미야의 감정은 도저히 온화한 것이라고는 할 수 없다. 요나는 하나님에게 분노를 나타냈지만 하나님은 그에게 벼락을 내리지 않으셨다. 시편 기자의 감정은 열정과 강렬함으로 나타나고 있다. 이러한 실례를 드는 행위를 통해 불경을 권하는 것은 아니다. 단지 슬퍼하는 자들이 느끼는 고통에 기꺼이 귀를 기울일 것을 간청하는 것이다.

죽어가는 자를 위한 목회

신문의 부고란(訃告欄)에는 매일 지상 여정의 종착역에 이른 사람들의 명단이 실린다. 죽음은 매일 일어나는 실제 사건임에도 불구하고 우리의 문화는 그것을 인정하기 어렵게 만든다. 성도가 '선한 죽음'을 맞이하도록 준비시키는 것이 목사의 임무이다. 우리는 죽음이 삶의 일부라고 인정함으로써, 그리스도에 대한 믿음과 성경적인 혹은 이해를 선도하고 가르침으로써, 양무리로 하여금 이생에서의 마지막 체험인 죽음을 준비해야 한다고 깨우침으로써 그 사명을 감당한다.

죽음에 이를 때까지 몇 년이 걸릴지라도 불치병이라는 선고를 받는 데서부터 슬픔의 과정은 시작된다. 물론 질병이 진전됨에 따라 죽어가고 있는 사람은 죽음을 면할 수 없다는 사실을 파악하고 영원을 준비할 필요에 이르게 될 것이다. 양무리 중의 한 사람에게 죽음을 통해 영생으로 옮겨가는 데 필요한 믿음을 갖추게 하는 일은 목자의 의무이자 즐거움이다.[1]

죽어가는 사람에게는 앞에서 살핀 대로 슬퍼하고, 의문을 제기하고, 감정을 표현하도록 허용되어야 한다. 그는 고통, 죽음, 천국에 관해 의문을 가질 것이다. 가족을 남겨두고 떠나야 하는 사실을 슬퍼하며 이루지 못한 일들에 대해 후회할 것이다. 죽어가는 사람은 자신의 삶을 돌이켜보면서 죄를 고백하고 깨어진 관계를 치유하고 싶어할 수도 있다. 임박한 죽음에 대해 두려움을 갖고 거부할 수도 있다. 정기적인 심방과 성찬식의 거행과 기도는 생명이 꺼져가는 사람에게 목사가 하나님의 사랑과 관심을 전하는 방법이 된다.

죽어가는 사람이나 그의 가족은 불치선고를 받는 순간부터 슬픔이 시작된다. 그들의 슬픔은 환자가 악화된 조짐을 보이기 전에 강렬해질 수도 있다. 죽음이 서서히 다가올 때, 가족들은 호된 시련을 견디는 데서 오는 피곤함이 증가되므로, 분노와 절망을 표현할 수도 있다. 그들은 그 싸움이 속히 끝나기를 바라는 자신들의 태도에 대해 죄책감을 느낄 수도 있다. 그러한 상태가 끝나기 바라는 그들의 열망이 사랑하는 가족을 포기할 준비가 완료되었음을 의미하지 않는다. 사랑하는 가족의 고통과 그러한 상태가 지속됨을 보기 힘들어하는 것일 뿐이다.

고통 당하는 자와 그의 가족은 현재 상황과 곧 일어날 일에 대해 정직해질 필요가 있다. 빌의 가족은 그가 죽은 후에 자신이 있는 곳에서 가족들이 자신의 죽음이나 병에 관해 이야기하는 것을 얼마나 싫어했는지 들려주었다. 그는 자신이 죽어 가고 있지만 끝까지 겉으로는 회복되는 것처럼 보일 것이라고 주치의에게 들어 알고 있었던 것이다. 따라서 그의 형제와 자녀들은 그가 있는 곳에서는 자신들의 감정을 나타내거나 장례식을 의논할 기회를 갖지 못했다. 실제로 빌이 죽었을 때 그의 옆에서 임종을 지킨 가족은 아무도 없었다. 그들은 그 자리에 없었다는 사실에 대해 죄책감을 느꼈다. 하지만 빌은 병원 직원이 가족을 부르는 것을 원하지 않았다. 그들이 자신을 당황하게 만드는 일을 원하지 않았기 때문이다. 빌의 마지막 날들에 대한 가족들의 회상에는 자유로이 말하지 못한 일에 대한 안타까움이 배어 있었다.

한편 불치병 환자를 병문안 하는 가족이나 친구가, 의학적으로 아무것도 할 수 없는 상황임에도 불구하고 그의 치유를 위해 기도하며 치유 방법에 대해 이야기하는 것을 보고 환자가 불평하는 것을 들은 적이 있다. 하나님의 자녀는 기적을 위해 기도하고 소망하지만 기적적인 치유가 언제나 우리 아버지의 뜻은 아니다. 주의깊은 목사는 단지 "의사가 무엇이라고 말하던가요?"라고 묻는다. 환자가 "결국 나는 죽을 거예요."라고 대답한다면 제기해야 할 문제를 다룰 수 있는 다른 문이 열린 것이다. 그럼에도 불구하고 그러한 평화의 기회를 잘 포착해야 한다. 우리는 그 문제를 제기하고 귀를 기울여 들을 수 있을 뿐이지, 그가 말하도록 강요할 수는 없다.

슬퍼하는 자에 대한 목회

어느 성도의 가정이 사랑하는 가족의 죽음을 체험했다는 소식을 알게 되었을 때, 여러분은 그들이 있는 곳을 찾아가야 한다. 장례식을 도와달라는 요청을 받지 못했더라도 여러분의 출현은 하나님과 교회의 관심을 나타낸다. 그 가족은 여러분이 와서 성경을 봉독하고 기도한 사실을 잊지 못할 것이다. 그것은 환영을 받는 것으로 보이는 것이 아니라, 죽음에 뒤따르는 위로 사역의 토대를 놓을 수 있을 것이다.

나의 친구 목사 중의 한 사람은 저녁 식사를 하던 도중에 불의의 사고로 형제를 잃은 유가족과 함께 응급실로 달려갔다. 다른 교회에 출석하는 이웃사람이 그 교회 목사와 함께 위로하러 왔다. 하지만 나의 친구는 자신이 섬기는 교회에 소속된 가족 구성원을 위해 그곳에 남아 있었다. 그는 거의 말이 없이 유가족과 함께 있는 조문객들에게 물과 커피를 나르며 그 저녁 내내 그들 각자를 포옹하며 위로했다. 세 시간쯤 헛되이 보내 었을까? 아니 그 시간은 일종의 투자였다. 그 가족은 그들의 목사가 돌보 는 것을 보고 자신들이 목사에게 우선적이며, 삶에 가장 어려운 때에 기 꺼이 함께 하고 있다는 것을 발견했다. 슬퍼하는 자들과 함께 하는 사역 을 결코 과소평가하지 말아야 한다.

상(喪)을 당한 가정을 방문할 때 다른 가족과 함께 가도록 하라. 장례 시기가 목회계획에 차질을 가져올 수도 있지만 우리는 지지해 주도록 초 청을 받는다. 장례식을 집례할 준비를 하면서 고인(故人)을 회고하는 순 서를 담당한 가족을 사전에 만나도록 계획을 세우라. 귀와 눈을 열어 놓 는 것이 장례식에서 나타나는 하나님의 법을 깨닫는 데 도움이 될 것이 다. 관을 열고 마지막으로 고인의 얼굴을 대하는 순서가 있을 때는 고인 을 대할 가족들의 우선순위를 마음 속에 정해 놓아야 한다. 그리고 그들 을 위해 기도한 다음에 그 순서를 진행시킨다.

장례식에서는 정중한 예의를 갖추되 애도하는 모습을 잃지 말아야 한 다. 자녀나 친구의 장례식에서 예배를 집례하기 전에 운 적이 있다. 솔직 한 감정을 보이는 것은 다른 사람들로 하여금 솔직해지도록 만든다. 메 시지는 부활하신 그리스도와 우리를 구원하시고 부활의 날까지 보호하 시는 그리스도의 권능에 초점을 맞추어야 한다. 하관예배의 마지막 축도 를 마친 후에 곧 유가족 한 사람 한 사람을 만나 인사를 나누기 위해 그들 의 이름을 부르며 "하나님의 평화가 함께 하시기 바랍니다."라고 위로의 말을 건넨다. 그것은 기품있는 인사라기보다는 하나님이 그들의 이름과 감정을 알고 계심을 전해주는 행위이다.[2]

사랑하는 가족의 죽음을 경험한 유가족에게 가장 견디기 어려운 때는 장례식이 끝난 후 6주에서 8주인 경우가 많다. 그때까지는 장례와 연관된 서류신고나 결정이 모두 완료된다. 친구들은 더 이상 그 집에 들르지 않으므로 자신의 관심을 표현하는 법을 확신하지 못한 사람들은 완전히 접촉 기회를 잃게 될 것이다. 하지만 슬픔을 당한 사람이나 가족에게 외로움과 허전함이 물밀듯이 밀려오게 된다. 이 때가 바로 우리의 양이 자신의 슬픔을 극복하고 목사와 강력한 관계를 형성하는 먼 여정을 시작할 수 있도록 확인하기 위해 정기적인 심방이 필요한 시기이다. 나는 이 때 유가족을 위해 그랜저 웨스트버그의 고전적인 저서 〈유일한 슬픔〉을 선물로 남긴다.[3]

슬픔에 잠긴 유가족이 다시 예배에 참석하게 될 때 그들이 고인과 함께 자주 오던 곳에서 느낄 수 있는 고통을 느끼지 않도록 세심히 배려하라. 하나님의 집에서 함께 보낸 기억들을 인해 북받치는 눈물과 자의식이 자극될 수 있기 때문이다. 목사의 임무 중의 일부는 그러한 경험에 대해 이야기해 주고 슬픔에서 벗어나지 못한 자들에게 그들의 관심과 믿음은 정상적인 것이라고 다시 확신시키는 것이다.

그들이 성전의 뒷자리에 앉는 것을 허용하라. 예배가 끝난 후에 다른 성도의 눈에 띄지 않게 조용히 돌아가는 것이 그들에게 반드시 필요할 것이기 때문이다. 고인이 돌아가신 지 1주기가 되어올 무렵에, 여러분이 그들의 슬픔을 기억하고 있으며 그들을 위해 기도하고 있다는 것을 적은 편지를 유가족에게 보낸다.

여러분은 전 회중이 어떤 개인의 죽음을 슬퍼하는 경우를 경험했을 것이다. 어느 교회 야외예배 때 한 성도가 갑작스럽게 사망한 후에 그 교회 목사는 전 교인이 죽음과 슬픔의 실제를 알 필요가 있다는 점을 깨달았다. 그래서 4주 동안 저녁 예배시간에 그 주제들을 다루기로 계획을 세우고 나서 죽음, 천국, 지옥, 슬픔의 과정에 대해 성경이 말하는 내용을 살펴보았다. 그리고 나서 그 목사는 장례식과 장례가 기독교적 특성을 지니게 만드는 요소를 위해 요구되는 것을 다루는 주의 깊은 논의를 지도하게 되었다. 그 마지막 수업시간은 그 지역의 장례회관에서 개최되었다. 그 목사와 장례회관의 실무책임자는 30명으로 이루어진 그룹을 데리고 상을 당한 가족이 일반적으로 따르는 결정과정을 연습했다. 그 그룹에 참여한 사람 중 다수는 장례식 계획을 세우는 것을 한 번도 도와본 적이 없었다. 이 의도적인 교육을 통해 참여한 사람은 누구나 위로의 사역을 이해하게 되었다.

슬픔을 당한 사람이나 가족이 그것을 극복하는 과정을 둘러싼 환경이 무엇이든지, 어떤 기본적 원리들은 우리의 위로 사역에 지침이 될 수 있다.

· 슬픔 당한 자와 함께 있는 사역을 실천하라.

· 들으라(귀를 열고, 입을 다문 채)

· 슬퍼하는 자의 감정이 정상적이라는 사실을 확신시키라

  (그러한 감정이 정상이라고 생각하며).

· 하나님의 약속을 보여주되 설명을 피하라.

· 슬퍼하고 의문을 제기하고 감정을 솔직히 표현하도록 허용하라.

· 그들과 함께 기도하라.

· 그들의 슬픔이 건전한 것인지 판단하기 위해 정기적으로 방문하라.

· 고인에 대해 이야기하라.

· 성도들에게 위로 사역을 실천하도록 가르치라.

제10장
예배 인도하기

Leading Worship

예배는 하나님 자녀들의 모임을 통해 이루어지지만,
예배 속에서 하나님은 개인을 변화시키신다.
지혜로운 목자처럼 예배를 계획할 때 영의 인도를 구하라. 그러면
예배 드리는 성도 한 사람 한 사람이 예수를 알고 그 분의 은혜를 맛보게 될 것이다.

10장
예배 인도하기

"오라 우리가 굽혀 경배하며 우리를 지으신 여호와 앞에 무릎을 꿇자

대저 저는 우리 하나님이시요 우리는 그의 기르시는 백성이며

그 손의 양이라 너희가 오늘날 그 음성 듣기를 원하노라"

(시 95:6-7).

예배는 하나님에 관한 것이다. 그것은 그리스도인이 자신을 헌신할 수 있는 가장 높고 거룩한 행위이다. 회중이 사용하는 예전의 유형과는 상관없이 교회의 근원적인 목적은 하나님께 예배드리는 것이다. "예배는 전존재 ─마음, 감정, 의지, 몸─를 통한 하나님의 말씀과 행위 전체에 대한 신자의 응답이다.[1]

예배의 구성요소

예배하는 자가 하나님을 만날 때 목사의 기량과 인식은 성령이 회중의 삶을 어루만지고 변화시키기 위해 하나님의 말씀(찬양과 말씀, 봉독된 말씀, 기도로 드려진 말씀, 선포된 말씀)의 진리를 이용하는 법을 향상시킬

수 있다. 전형적인 예배의 여러 가지 구성요소는 목회사역을 위해 중요
한 기회가 될 수 있다.

예배자

어느 주일 아침 예배를 드리기 전에, 그 날 설교자로 초청된 나의 아버
지와 함께 성전 주위를 걷고 있었다. 아버지는 습관에 따라 교회에 일찍
도착한 성도들과 인사를 나누며, 이미 알고 있는 성도와는 교제를 새롭게
하고 있었다. 회중석의 끝에 앉아 있던 한 여성과 악수하며 물었다.

"간밤에는 어떻게 지냈나요?"

"점점 나아지고 있어요. 감사합니다. 목사님!"

"무슨 일을 겪고 계신지 말씀해 줄 수 있습니까?" 아버지께서 물으셨
다.

잠깐 동안 그 성도는 자신이 병이 나서 입원해 있는 동안 가족관계에
혼란이 일어났던 일을 들려주었다. 오랜 시간에 걸쳐 하나님은 그의 몸
과 깨어진 관계를 모두 치유해 주셨다.

강단에 오르기 전에 기도하는 방으로 가는 도중 아버지께 물었다.

"그 성도의 사정에 관해 알고 계셨어요?"

"아니, 그 성도를 본 것은 오늘이 처음이야!" 라고 말씀하셨다. 하지
만 그 성도는 설교를 듣는 동안 메시지를 전하는 목사가 말하는 밤이 자
신과 연관되어 있다는 것을 알았다.

예배를 드리기 전에 성전에서 몇 분을 활용함으로써 전날 밤에 아버지
를 잃은 가족에 관해 알고 그러한 사실을 목회기도 속에 포함시킬 수 있
는 기회를 배웠다. 예배 전에 목사에게 묵상기도 시간이 필요함에도 불

구하고, 성도들과 인사하는 시간은 예배를 위한 바른 분위기를 확립하는
데 도움이 될 수도 있다.

교회소식

교회소식이 필요악이라는 점을 알았다면 회중이나 교회단체가 편안
하다는 것을 알려줌으로써 그 시간을 구속하려고 시도해 보라. 우리 교
회 고등부 학생들이 지역 성탄절행사를 위해 예수 탄생 가장 행렬을 준비
하고 대차를 만든 후에 그리스도를 위한 그들의 증언과 학생들에 대해 내
가 얼마나 자랑스러워하고 있는지를 들려주었다. 학생들의 부모들은 자
녀의 노력이 주목을 받고 강조된 점에 대해 기뻐했다.

여러분이 자랑스럽게 생각하거나 사랑하는 교회 성도들에 대해 언급
하는 일은 성도들의 건전한 자부심을 형성시키는 데 도움이 된다.

목회기도

모든 예배에는 하나님께 대한 찬양과 그분의 백성들을 위한 간구를 나
타내는 기도가 포함되어야 한다. 적절한 기획과 구성이 없다면 목회기도
는 판에 박히고 지루한 예배순서가 될 수 있다. 윌리엄 윌리몬은 목회기
도에 대해 다음과 같은 관점을 제공한다. "나는 두 가지 이유로 목회기도
를 반대한다. 첫째 그것은 기도가 아니며, 둘째로 대개 목회적인 특성을
결여하고 있기 때문이다."[2]

너무나 많은 경우에 기도가 책을 읽는 것처럼 들린다. 우리의 기도는
그 나름대로의 생명력을 가지고 있으며, 그 생명력은 하나님의 백성을 위
한 우리의 개인 기도에서 비롯된다. 목회기도는 본질적으로 다가오는 주

일을 위한 교회력의 암송이라는 말을 들은 적이 있다. 진정으로 기도하는 대신, 기도시간에 하나님의 어깨 위에서 설교하는 행위에 대해 지금까지 죄책감을 느껴왔다.

목회기도를 '목회적' 이 되도록 만드는 부분은 이름과 필요에 의해 성도를 위해 간구하는 것이다. 그와 같은 기도를 시행하기 위해서는 개인의 상황을 공적으로 발표해도 좋다는 당사자의 사전 허락을 받아야 한다.

각자의 이름과 그들의 상황을 소개하기 전에 주중의 기도 목록에 포함시키고, 주일 공적 기도 순서에 그들을 위해 구체적으로 기도해도 좋은지 묻는다. 그들은 거의 반대하지 않는다. 주일아침 예배 때마다 모든 성도와 가족들과 그들의 필요를 일일이 이름을 불러가며 기도하지 않을 것이다. 따라서 어떤 특별한 상황별로 성도들을 위해 기도 드린다. 그 예로 사랑하는 이의 죽음으로 슬픔에 빠진 이들, 직장을 구하는 이들, 암과 투병하는 이들을 위해 기도할 수 있다.

성도들은 자신을 위해 기도한 일에 대해 감사하고, 그들의 가족이 기도 속에 포함된 점에 대해 기뻐한다. 개인과 가족들을 위해 구체적이고도 지혜롭게 기도할 수 있다는 것은 목자가 양에게 일어나고 있는 일을 알고 있음을 드러낸다. 회중은 우리가 기도 속에서 그들을 목자장에게 들어올림을 들을 필요가 있다. 우리가 회중을 위해 공적으로 기도하면, 그들은 우리가 개인적으로도 기도한다는 것을 믿을 것이다. 따라서 우리는 공적으로 기도해야 한다. 그럼에도 불구하고 주의해야 한다. 이름을 언급하는 일은 기도가 '유명인사' 로 만드는 요소가 되지 않도록 민감함과 진정한 관심으로써 이루어져야 한다.[3]

반드시 기도시간에 목사가 인도할 필요는 없다. 정기적인 아침기도

시간은 소그룹에서 이루어진다. 예배하는 자들에게는 기도할 주제가 주어진다. 각자의 구체적인 필요를 나눈 다음 소그룹의 구성원들은 각자, 혹은 함께 그곳에서 기도한다. 이러한 종류의 기도는 공동체의 일치를 강조하며 영적 사역 안에서 지체들을 서로 연결한다.

성경이 여러 가지 기도자세를 가르치고 있으므로 일 년에 두세 번씩 의도적으로 다양한 육체적인 자세를 취하며 아침 기도회를 드리도록 계획한다. 우리는 일어서서 주님을 경배하며 손을 높이 들어 올린 자세로 기도를 시작할 수 있다. 그리고 나서 무릎을 꿇고 죄를 고백할 수 있다. 앉아서 손을 무릎 위에 놓고, 손바닥을 위로 향해서 받는 자세를 취할 수도 있다. 교회 주위에 둘러 서서 손에 손을 맞잡고 주님께서 가르쳐 주신 기도를 드릴 수도 있다. 특별한 자세는 우리 기도에 의미를 더한다. 손을 맞잡는 것은 일치를 보여준다. 무릎 꿇는 것은 왕이신 하나님의 임재 속에서 적합한 자세로 순종하는 마음과 의지를 나타낸다.

어린이 설교

어린이 설교는 믿음과 용기의 행위이다. 가장 완벽한 준비조차도 어린이가 던진 하나의 질문으로 인해 놀랍게도 실패할 수가 있다. 하지만 그것이 공적인 배경에서 어린이와 함께 일하는 사역의 위험과 영광인 것이다. 약 한 달에 한 번씩 나는 '어린 제자들'(6세에서 10세까지의 어린이)을 만나기 위해 강단 위에 선다. 그들은 마루에 앉고, 나는 바로 앞에 놓인 의자에 앉는다. 어떤 물체의 분류나 주머니 속에도 수많은 물체를 이용하여 한 주제를 5분 이내로 설교한다. 나는 질문을 던지고 어린이들이 답하도록 만들기를 좋아하며, 모든 어린이를 대화 과정에 포함시키려고 애쓴다.

어떤 목사들은 성인을 설득하기 위해 어린이 설교를 사용하기도 한다. 어린이들은 이것을 알고 지나치게 어린이 중심적인 설교를 좋아하지 않는다. 어떤 목사는 어린이들을 강단으로 초청한 다음 회중석에 앉은 어른들에게 설교하기 위해 강단에서 일어나 걸어내려 오곤 한다는 이야기를 들은 적이 있다! 잠시 후에 어린이들이 그의 메시지를 위해 도움을 준다.

어린이 설교는 목사로 하여금 양무리 중에 있는 나이 어린 지체들과 상호작용할 수 있는 기회를 만들어줄 뿐 아니라 적은 내용을 가르칠 수 있도록 도와준다. 어린이들의 이름을 부를 수 있다는 것은 그들로 하여금 "목사님은 나를 알고 계셔!"라고 생각하게 만든다. 목사가 자녀들의 얼굴과 이름을 안다는 사실을 부모들이 깨닫게 될 때 목사와 부모 사이에는 강한 신뢰감이 형성된다.

설교

지금까지 여러 번에 걸쳐 설교 속에서 구체적인 필요와 상처를 언급함으로써 우리가 양을 알고 그들에 대한 관심을 가지고 있다는 사실을 전할 기회를 가져왔다. 우리 교회에 농사를 짓는 성도들이 출석하고 있었는데 언젠가 농업이 큰 격변기를 거치고 있을 때였다. 우리 교회에 출석하는 농사를 짓는 성도들 중의 다수가 그들의 생업이 지속될 것인지 확신하지 못하고 있었다. 농업위기를 주제로 한 설교를 한 번도 하지 않았음에도 그 문제를 설교 속에 다루었다. 이 설교로 인해 장래에 대해 확신하지 못하는 농사짓는 성도들은 하나님의 돌보심과 목사의 돌봄을 다시 확신하게 되었다.

같은 원리가 암과 투병하는 사람들이나 가족 사이의 분쟁을 겪고 있는 사람들에게도 적용된다. 이름을 부르거나 설명을 할 필요가 없다. 분쟁의 해결을 위해 노력할 필요가 있는 성도들을 포괄하는 전체적인 언급은 미소와 수긍을 가져온다. 내 의도는 성도들의 흥을 돋구는 것이 아니라 하나님의 은혜가 필요한 그들의 상황을 일깨우려는 것이다. 유의해야 할 구체적인 필요를 포괄적으로 예증하는 것은 청중으로 하여금 자신의 상황에 하나님의 말씀을 적용하는 것을 배우도록 도움을 준다.

어떤 상황이 대부분의 성도들이나 공동체 전체에 영향을 줄 때 그 주제와 연관된 연속 설교는 최상의 목회적 응답이 될 수 있다. 어떤 목사는 교회에 부임한 지 3년 동안에 40번의 장례식을 집례했다고 말한다. 모든 성도들이 슬픔에 잠겼다. 그 목사는 요한복음 21장을 본문으로 삼아 그리스도에 대한 믿음을 통한 죽음, 슬픔, 영생과 슬픔의 극복과정을 다루는 연속설교를 계획했다. 다른 목사는 그 교회의 세 학생을 죽음으로 몰고 간 자동차 사고에 대한 반응으로써 고난을 주제로 한 세 편의 설교를 전했다.

지혜로운 목사는 메시지를 듣는 양들로 하여금 기대를 품게 만든 다음 그들을 격려하며 힘을 북돋우어 주는 예증과 원리를 만들어낼 것이다. 한 성도나 한 가정만을 위해 공적인 설교를 할 수 없음에도 불구하고 도움이 필요한 개인이나 가정은 주의 말씀을 자신과 자신의 상황에 꼭 들어맞는다는 것을 알고 돌아가야만 한다.

축도

축도란 '행복을 비는 것, 축복하는 것'을 의미한다. 예배의 마지막에 목사는 하나님의 은혜를 덧입은 채 그분의 사랑을 확신하며 떠나가는 성도들에게 주의 이름으로 축복할 기회를 가지게 된다. 현재의 목회지에 부임할 때 나이 드신 성도들에게 예배에 포함시키기 원하는 순서가 무엇인지 물은 적이 있다. 즉시 한 성도가 말했다. "축도 받기를 원해요. 그것은 예배를 마무리하는 아름다운 방법이라서 좋아해요!" 그 말에 거의 예외없이 동의했다.

성경은 많은 축도를 포함하고 있으며,[4] 하나님의 축복에 대한 다른 탁월한 표현들은 발간된 자료에 유용하다.[5] 예배는 하나님을 위한 하나님에 관한 것이므로 예배의 마지막에 선포될 뿐만 아니라 그분의 백성에 대한 하나님의 축복을 베푸는 것이 당연하다. 축도는 계획을 세워서 축복이 하나님으로부터 비롯된다는 사실을 명백히 드러내야 한다. 어떤 목사들은 축도를 예배에 포함시키는 것을 거부한다. 하지만 윌리엄 윌리몬이 지적한 것처럼 "축복을 거절함으로써 그 목사는 회중의 필요에 관한 지식의 결여나 둔감함을 드러낸다."[6]

예배후

우리 교회에는 본당 뒤쪽에 세 개의 출입구가 있다. 나는 매주 자리를 바꾸어 예배드린 성도들과 인사를 나눈다. 예배 후의 몇 분간은 내가 다음 주에 있어야 할 곳을 발견하도록 도와준다. 의학적 검사를 받은 성도, 수술받은 성도, 심방이 필요한 성도, 가족이 방문중인 성도, 직장에서 업무 수행평가를 받고 있는 성도, 농작물 때문에 비를 기다리는 성도, 기념

일이나 생일 맞은 성도, 추모일을 맞은 성도의 가정, 큰 시험이나 경기를 눈앞에 둔 학생이 누구인지를 알게 된다. 나는 주머니에 수첩과 펜을 가지고 있으므로 날짜, 시간, 자세한 내용을 적어둘 수가 있다.

휴일

휴일은 슬픔에 잠긴 가족에게는 견디기 어려운 날이 될 수 있다. 자녀를 잃은 부모와 부모를 잃은 성도에게 어버이날은 곤혹스러운 날이 된다. 부모를 잃은 그룹에 속한 어떤 친구는 나와 함께 그러한 돌연한 감정적인 순간들을 '매복' 이라고 불렀다. 사람들은 교회에서 '묻혀져 가는 것' 을 좋아하지 않는다. 또한 그들이 교회에서 잊혀지는 상황을 싫어한다.

어머니날에 대한 기도 속에는 자녀의 죽음으로 고통받아온 어머니들, 유산을 경험한 어머니들을 포함시키려고 다짐한다. 어머니가 되기를 간절히 원하지만 임신할 수 없는 여성들(많은 여성들에게 불임은 민감한 문제)을 위해 기도한다. 부모가 아닌 독신자들도 기도 속에 포함된다. 이날 꽃으로 어머니들을 영예롭게 한다면 나는 그날 예배에 참석한 모든 어머니들에게 꽃을 드리겠다고 발표한다. 그 이유는 우리 교회 기혼 여성도들 전체가 어머니로서의 역할을 감당했기 때문이다.

아버지날에는 유사한 기도를 드리지만, 구체적이지 못하다. 남성은 자신의 상처를 공중 앞에서 기꺼이 밝히려 하지 않기 때문이다. 어느 아버지날에 그와 같은 기도를 드리고 창세기 22장에 근거한(아들 이삭을 드리는 아브라함) 설교를 전하고 난 후에 여러 해 동안 교회에 출석해 온 한 부부가 내게 방문해도 되겠느냐고 물었다. 그 주의 후반에 그들을 만난

나는 그들의 자녀가 심각한 합병증으로 죽었음을 알게 되었다. 예배 후
에 보여준 태도로 인해 그 아이가 죽은 지 여러 해가 지났지만 그들에게
는 슬픔을 표현하고 그들의 이야기를 나눌 기회가 주어졌다.

재향군인의 날과 독립기념일을 앞에 둔 주일에는 나라를 위해 군에서
근무 해온 성도들에게 기립 박수를 보낼 것을 요청했다. 우리는 감사의
말과 뜨거운 박수로 그들의 노고를 인정한다. 그리고 나서 아침기도회에
그들과 지금도 군에서 근무하는 성도들을 위해 기도할 것을 제안한다.
재향군인의 날이 포함되어 있던 주간의 마지막날 한 사람이 내게 말했다.
"군대에 근무해온 보람을 교회에서 인정받은 것은 이번이 처음입니다.
그것이 나의 조국을 위해 봉사하는 일에 더욱 자부심을 느끼게 만들었습
니다."

추수감사절과 성탄절에는 사랑하는 가족이 함께 있지 않다는 아픔을
예리하게 느끼고 있을 가족들을 기도에 포함시킨다. 그 허전함을 주님의
사랑으로 채워주시고 그리스도를 믿음으로써 다시 만나리라는 소망을
주시도록 구한다. 이러한 시도는 대단한 것은 아니지만 휴일에는 모든
것이 달콤하고 밝은 것은 아니라는 점을 인식시켜 주며 교회 성도들이 다
른 성도들의 감정에 대해서도 세심히 배려하도록 일깨워 준다.

부활절에는 백합으로, 성탄절에는 포인세티아로 강단을 장식한다. 사
랑하는 가족과 개인이 축하할 일을 기념하여 꽃이나 화분으로 강단을 장
식하는 경우도 많다. 우리 교회에서는 기념으로 강단에 드려진 꽃과 화
분의 목록을 책으로 발간했는데, 그 안에는 기증자의 이름과 기념대상이
되는 사람의 이름이 함께 수록되어 있다. 이러한 규모가 작고 비용이 많
이 들지 않는 행위를 통해서 그러한 사람이 과거에 살았으며, 그 유가족

이 여전히 그들을 사랑하며 그리워하고 있음을 확인해 준다.

성찬식

성찬식은 거룩한 일이므로 우리는 기쁘고 존경하는 마음을 가지고 성찬상 앞으로 나와야 한다. 그것은 집단적인 체험인 동시에 주 예수 그리스도와의 개인적인 교제의 시간이다. 목회적 관점에서 죄의 고백과 사죄의 확신은 결정적으로 중요하다.

우리가 죄인임을 인정하는 행위는 정직하고 건전한 일이다. 나는 다음과 같은 말로써 침묵의 고백시간을 이끄는 경우가 많다. "성경은 우리에게 성찬을 받을 때에 정결해야 한다고 경고하십니다. 지금부터 몇 분간 침묵하면서 하나님의 영이 여러분의 마음과 생각을 감찰하시도록 드리는 시간을 가지려고 합니다. 마음에 죄 지은 것이 생각나거든 그것을 방어하거나 합리화시키지 마십시오. 그것을 하나님께 솔직히 고백하고 용서를 구하시기 바랍니다." 2-3분 간 침묵한 다음에 회중이 한 목소리로 고백의 기도를 드린다. 우리가 죄인이라는 사실을 공개적으로 인정하는 행위는 정결을 위한 싸움을 벌이고 있는 사람이 자기 혼자가 아니라는 사실을 일깨워 준다.

회개기도에 이어 예배드리는 자로 하여금 하나님께서 그들을 용서하셨음을 확신시킨다. "형제와 자매들이여, 하나님의 말씀의 권위에 의지하여 주님 앞에서 고백한 여러분의 모든 죄가 개인적인 동시에 공적으로 그리스도의 보혈로 씻음받았음을 선포합니다. 여러분은 깨끗해졌습니다! 복음서의 말씀을 듣고 믿으시기 바랍니다. 그리스도 안에서 여러분은 주님을 사랑하고 섬기도록 죄를 씻음 받고 자유를 얻었습니다."

이러한 목회적 돌봄은 어떠한가? 여러 해 동안에 걸친 예배하는 성도들의 고백을 토대로 하여 성찬은 대다수의 그리스도인에게 영적으로 중요한 시간이라는 것을 알게 되었다. 성도들은 우리가 깨닫는 것보다 훨씬 진지하게 자신의 죄를 다룬다. 나이든 성도 한 분이 성찬식이 거행되는 주일에 개인의 죄를 고백하는 침묵 기도 시간을 늘려주셔서 감사하다고 말했다. 그는 우리 교회를 처음 방문한 사람이었는데 자신의 본교회에서는 고백기도 없이 성찬식을 진행한다는 이야기를 들려주었다. 이 날에 하나님께서 그의 과거에 지은 죄를 생각나게 하셨고 그는 하나님의 용서를 체험했다.

용서받음의 일부로서 성도들에게 그들이 상처를 입힌 사람에게 찾아가 사과하거나 그들에게 용서를 구하는 사람에게 용서를 해줄 필요가 있다는 것을 일깨워 주기도 한다. 나는 성찬식 후에 눈물어린 화목의 순간을 자주 보아왔으며 찢어진 상처가 다시 회복되었다는 편지와 전화를 받게 되었다.

휴가기간 동안에 친구 목사의 교회에서 거행되는 성찬식에 참여한 적이 있다. 죄를 고백한 후에 친구가 일어서더니 우리를 축복하는 것처럼 자신의 손을 높이 들고 다음과 같이 선언했다. "여러분은 예수 그리스도를 믿습니다. 십자가 위에서 우리를 위해 흘리신 주님의 보혈로 여러분은 깨끗하게 되었습니다. 여러분의 죄를 용서받았습니다. 하나님께서 여러분을 용서하셨습니다. 여러분도 다른 사람을 용서해야 합니다. 여러분 자신도 용서해야 합니다."

그의 말은 전류와도 같이 나를 꿰뚫고 지나갔다. 나는 그때까지 목회자들의 실수를 찾아다니고 있었다. 하지만 그의 말은 나의 합당하지 못한 죄에 종말을 가져왔다. 그때 이후로 성찬식 때마다 사죄의 확신 순서도 포함시켜오고 있다. 예배하는 자들은 그러한 확신의 선언이 그들의 삶 속에 그리스도의 속죄사역의 실제를 얼마나 분명히 각인(刻印)시켜 주었는지 그들이 경험한 것을 들려주었다.

예배는 하나님 자녀들의 모임을 통해 이루어지지만, 예배 속에서 하나님은 개인을 변화시키신다. 지혜로운 목자처럼 예배의 계획 속에서 영의 인도를 구함으로써 예배드리는 성도 한 사람 한 사람이 예수를 알고 그분의 은혜를 맛보게 되는 것이다.

제11장
축하하기

Celebrating

모든 기회를 이용하여 여러분 교회의 성도들을 축하해야 한다.
그 시간이 무엇이든지 그것은 하나님의 신실함에 대한 증언과
하나님의 백성들을 기쁘게 하는 근거가 될 수 있다.

11장
축하하기

"여호와께 감사하라 그는 선하시며"

(시 106:1).

"이스라엘은 자기를 지으신 자로 인하여 즐거워하며

시온의 자민은 저희의 왕으로 인하여 즐거워할지어다"

(시 149 : 2).

모든 기회를 이용하여 여러분 교회의 성도들을 축하해야 한다. 짧은 시간도 중요한 기회로 삼기 위해 노력을 기울여라. 그 시간이 무엇이든지 그것은 하나님의 신실함에 대한 증언과 하나님의 백성들을 기쁘게 하는 원인이 될 수 있다. 사람들에게 그리스도를 가르치는 기회를 삼고, 구세주를 따라 말씀의 새로운 발걸음을 내딛도록 격려할 기회를 찾으라.

결혼식

더 말할 나위도 없이 결혼 예식은 예배의 한 종류이다. 결혼식은 실제로 세 파트너(그리스도, 남편, 아내)가 추는 춤이기 때문이다. 이 예식은 하나님을 영화롭게 하려는 것이어야 한다. 하나님께서 이 두 사람을 결합시킨 과정과 그들 관계의 성장을 이끌어 주신 과정을 축하해야 한다. 성경구절, 찬송, 서약은 그리스도에 대한 믿음과 그 두 사람의 미래에 대한 그분의 예비에 대한 믿음이라는 옷감을 짜야 한다.

그럼에도 불구하고 이상적인 결혼은 거의 없다. 우리 문화 속에서 교회는 믿음의 공동체라기보다는 결혼식 장소로 인식되고 있다. 예비신부와 신랑은 정한 날짜에 시설의 유용성이나 건물에 근거하여 결혼식 계획을 세운다. "교회에서의 결혼식은 교회 성도들에게만 허용한다."는 원리를 확립하려고 하는 동안 언제나 그 한계를 시험하는 상황들을 경험하곤 했다.

미국에서 대부분의 결혼식은 교회에서 이루어지는데,[1] 그것은 목사가 기독교 결혼의 기쁨과 책임을 소개할 풍부한 기회를 가지게 된다는 것을 의미한다. 교회에 출석하는 성도들끼리 결혼하려는 경우에는 대개 기독교식으로 결혼하기 원하므로 결혼식 전에 이루어지는 목사와의 상담에 기꺼이 참여한다. 하지만 교회 신도가 아닌 예비 신랑 신부들은 결혼보다는 결혼예식에 더 관심을 가지는 경우가 많다. 따라서 우리 교회 결혼식 안내 소책자에는 우리의 투자는 일일 행사가 아니라 일생 동안 지속되는 결혼에 있다는 점을 분명히 밝히고 있다.

혼전상담

혼전 상담 순서에서 나는 다음과 같은 과정을 요구한다.

1. 얼굴을 익히기 위한 면담에 참여하여, 스케줄을 보고 결혼식과 건물이용 신청서를 살핀다.
2. 결혼 전에 **준비**할 인물 조사기록을 받는다(기록된 인물 조사기록을 구입하는 비용은 30달러이다).[2]
3. **준비** 인물 조사기록에 따라 준비를 시작한다.
4. **준비** 인물 조사기록에 따라 준비를 계속한다. −가족혈통증명서.[3]
5. '결혼에 관한 성경의 교훈' 이라는 제목의 지침서를 공부한다.
6. 결혼예식을 계획한다.[4]

어떤 목사들은 결혼 전 상담을 전도하기에 효과적인 기회로 생각할 수도 있지만 나는 이 과정에서 효과를 본 적이 없다. 하지만 그것은 씨를 심고 이해를 형성시키는 기회가 된다. 물론 그리스도를 믿지 못하는 예비 신랑 신부는 교회와 거의 관계가 없기 때문에 목사는 결혼식을 복음전도 기회의 하나로 이용하려는 압력을 받을 수도 있다. 하지만 나는 '교회에서의 결혼식을 성도들에게만 허용' 하는 원칙을 고수하는 편을 더 좋아한다.

"불신자와 결혼하지 말라" 는 성경말씀에 따르므로(고후 6:14-18) 불신자에게 결혼을 허용할 근거가 없을 뿐만 아니라 내가 즐거워 할 수 있는 행위가 아니기 때문이다. 언제나 의문을 가지게 되는 것은 "신부가 그리스도를 주로 신뢰하지만 신랑이 어떤 교파의 그리스도인도 되기를 거부한다면 어떻게 할 것인가?" 하는 점이다.

결혼식 리허설

결혼식 연습은 목사의 상담과 분쟁해결 기술이 예식의 성공을 좌우할 수 있는 중요한 시기이다. 예비 신랑 신부가 20년 전에 자신들이 행한 결혼식 중의 일부를 재현하는 것을 보고 싶어 그들에게 주문하는 호의를 가진 친척들을 많이 보아왔다. 이러한 대리만족으로부터 신랑신부 후보를 보호하는 것은 목사의 임무이다.

결혼식을 올리기 한 달 전쯤에 신부와 신랑과 나는 결혼 예식을 계획한다. 예전을 구상하면서 그 안에 음악을 포함시키고, 입당할 입구를 정하고, 강단 위에서의 행위(일치의 촛불을 점화하고 기도받기 위해 무릎 꿇는 일), 새로운 부부가 되어 전진할 출구를 의논한다. 대다수의 예비 부부는 하객들을 위해 청첩장을 인쇄한다. 청첩장에 인쇄된 예식대로 리허설 과정에서 연습함으로써 연습이 끝난 후에 자신들이 원하는 포즈를 취해 달라는 제삼자의 무리한 제안을 자연스럽게 거절할 수 있다.

예비 신랑 신부를 통해 자신들이 보고픈 장면을 요구할 수 없게 된 친척들과 친구들은 자신들이 직접 연습식장에서 원하는 장면을 연출할 수 있다. 결혼예식을 위해 감추어온 불화는 기쁜 분위기를 파괴시키며 분열을 일으키며 한꺼번에 분출될 수 있다. 상처를 일으키는 데 기여하거나 남을 낮게 여기며 비교하는 친척들과의 관계는 주의하라. 그렇지 않으면 예비 신랑 신부에게 나와 함께 계획을 세우자고 주장하면서 노한 친척들의 분노를 대신 받는다.

결혼식

헌신된 두 그리스도인이 결혼을 통해 결합되는 일은 하나의 특권이다. 결혼 이전의 상담 기간 동안에 목사는 예비 신랑 신부에게 결혼식이 그 두 사람의 관계와 믿음의 표현이라는 점을 분명히 깨닫게 할 수 있을 것이다. 두 사람에 대한 당부나 결혼식 설교를 통해 목사는 이 두 사람만이 지닌 독특함과 그들이 지내온 이야기를 소개할 수 있다. 개인적인 언급으로 인해 결혼식은 틀에 박힌 일에서 축하로 변하게 된다. 적절한 시기에 신랑 신부의 부모님들로 하여금 그 두 사람에게 자녀를 낳아 기독교 신앙과 기독교적 특성을 지닌 인물로 키우도록 당부하라고 주문한다. 적절한 기회에 다시 양가의 부모들에게 기독교적 결혼의 훌륭한 모범을 보여 줄 것을 당부한다.

창세기 2장과 에베소서 5장에 나오는 하나님의 말씀은 진정한 결혼생활을 위해 남편과 아내는 각각 부모를 떠나 함께 새로운 가정을 시작하라고 권면한다. 어떤 부모는 그들의 자녀를 보낼 준비가 안된 경우도 있다. 결혼생활을 시작하는 것은 부모님과 인척의 간섭이 없다 해도 매우 어려운 일이다. 나는 그러한 조종을 발견하게 되면 직접 상담이 필요하다고 밝힌 다음 그 두 사람으로 하여금 부모를 떠나 서로 가까워지며 마침내 하나가 되도록 마음을 준비시킨다. 때에 따라서는 결혼식 설교를 통해 부모를 떠나도록 허용하는 일에 관해 부모에게 주장하기도 한다.

새로운 가정을 이룰 신랑과 신부가 함께 결혼식장을 떠나며 양가의 가족들이 좋은 기억을 가지고 떠날 때 그들은 좋은 출발을 시작할 것이다. 그것이 나의 목표이다.[5]

헌아식

헌아식(獻兒式)은 실질적으로는 부모의 헌신 예식이다. 부모는 하나님과 언약을 맺으며, 교회와 기독교 가정을 만들기로 약속한다. 이 예식은 자녀를 선물로 주신 하나님께 감사를 나타내는 행위인 동시에 하나님의 말씀에 순종하는 행위이다(눅 21:22-24).

헌아식을 계획하는 것은 목사에게 가족과 그들의 가정에서 만나 더욱 가까워질 수 있는 기회를 제공한다. 우리 교회는 부모를 설득하기 위해 자료를 제공한다. 그 속에는 언약(부모와 자녀만 아니라 회중과 가족을 위한), 기도와 찬양이 포함되어 있다. 이 유용한 자료로 인해 부모는 하나님께 대한 자신들의 믿음과 기대를 반영하는 예식을 만들 수 있다. 나는 의도적으로 그리스도에 대한 부모의 개인적인 신앙을 확인하고, 헌아식은 그 믿음을 자녀에게 전하겠다고 약속하는 것이라는 사실을 알려 준다.[6]

여러분은 그 예식이 진행되는 동안 아이들이 어떤 일을 할지 전혀 알지 못할 것이다. 그들이 하는 일은 잠을 자거나 소리를 지르는 것이다. 아이가 떠들기 좋아할 때 어떻게 해야겠는가? 이것이 아이를 키우는 삶이라는 것을 깨닫고 할 수 있는 최선을 다하라. 내가 드린 헌아식 기도 중에 짧은 것 중의 하나는 동시에 아이의 건강한 울음소리를 넘어 가족들에게 들릴 수 있도록 하는 데 목적이 있었다.

그 예식에 참여하는 아이의 형이나 누나를 서약 순서에 포함시키는 것은 믿음의 공동체에서 어린이들의 역할을 강조하고 그 헌아식을 진정으로 가족적 행사로 만들려는 의도 때문이다. 일반적으로 더 큰 아이들에게 던지는 질문에는 훌륭한 모범을 보이는 누나와 형이 되겠는지 묻는 내용이 포함된다. 대개 그들은 고개를 끄덕임으로써 긍정을 나타내지만 때로 다음과 같은 말을 덧붙이기도 한다. "그 애가 울음소리로 나를 깨우지 않는다면 그렇게 하겠어요!"

아기를 헌신시키기 원하지만 교파의 교리가 유아세례를 요구할 때 부모는 정서적, 영적 싸움에 사로잡히게 된다. 그 아이의 할머니께서 "하지만 우리 애들은 모두 아기 때 세례 받았다."고 말씀하실 때 가족 전통이 작용한다. 구원을 이루는 요소에 대한 성경적 이해는 침례교회와 성서침례교회에서 다른 방식으로 작용한다. 목사는 이런 부모들과 그의 가족을 어떻게 일치에 이르도록 도울 수 있는가?

그러한 긴장의 균형을 잡는데는 적어도 네 가지 의문에 답할 필요가 있다. 첫째, 자녀의 근원적인 영적 돌봄을 누가 담당하고 있는가? 둘째, 헌신과 세례에 대한 부모의 이해는 무엇인가? 셋째, 헌신과 세례에 대한 출석교회의 신조와 전통은 무엇인가? 넷째, 친척들의 영적 전통에는 무엇이 포함되어 있는가?

아이의 부모가 영적 돌봄을 담당하는 자인 동시에 그들의 확신에 따라 헌신을 하기로 선택했다면 친척은 개인적으로 못마땅한 점이 있더라도 그들의 선택의 지지자가 되어서 호의적인 모습을 보여주어야 할 것이다. 하지만 출석교회의 전통이 유아세례를 요구하는 동시에 부모가 헌신을 주장한다면 어떤 교회나 목사가 그들의 믿음을 바꿀 것이라고 기대하는 것은 비합리적인 태도이다. 어떤 예식을 따르든지 아이들이 그들의 헌아식 문제로 가족이 쪼개졌다는 소리를 들으며 자라게 해서는 안된다.

세례

　내가 섬기는 교회는 신자가 세례받으려면 그 전에 그들의 믿음을 정확히 표현할 수 있어야 하도록 규정하고 있다. 이것이 신약의 유형이라고 믿음에도 불구하고 나는 세례의 시기와 방법을 자격 시험으로 만들지 않는다.

　나는 설교와 가르침을 통해 정기적으로 세례라는 주제를 다루려고 한다. 세례식은 필요할 때 거행할 수 있도록 수시로 계획한다. 세례를 받을 사람들은 개인적인 성경 공부를 한다. 그리고 나서 그들의 공부 결과를 논의하기 위한 모임을 계획한다. 내가 세례 대상자에게 확인하려는 것은 우리 죄를 담당하여 죽으시고 죽음에서 부활하신 그리스도를 믿음으로써 구원에 이르는 진리에 대한 명확한 이해이다. 우리는 로마서 6:1-11에 나오는 죽음, 장사, 부활로서의 세례에 대한 바울의 비유적 표현에 대해 충분한 시간을 가지고 논의한다. 세례 후보자가 그리스도에게 순종하고 그분과 일치되고자 하는 마음에서 세례를 받으려 한다는 사실을 확인할 때 비로소 세례 자체에 대한 규정을 논의한다.

　세례 예식은 받으려는 사람에게는 자신의 신앙을 고백할 간증 기회를, 다른 신자들에게는 세례에 대해 숙고할 수 있는 기회를 제공한다. 내가 섬겼던 어느 교회에서 주일 저녁에 거행된 세례식은 그 규례에 대한 의미에 초점을 맞추고 나서 세례 예식을 거행하였다. 나는 주일 아침 예배를 세례에 대한 축하로 끝내기를 좋아한다. 더 많은 회중이 출석하기 때문에 그 성례에 대해 불신자들에게 증거할 가능성이 더 커지기 때문이다. 또한 세례를 예배의 일부로 확인시켜 주기 때문이다(주요 교파 목사들이 그와 같은 명명을 즐겨온 이유). 목사와 그리스도의 몸인 교회에서 세례 받을 특권을 부여받은 성도 사이에는 특별한 관계가 형성된다.

많은 회중 속에서 세례는 본래 유아를 위한 것이었다. 어떤 목사는 헌 아식을 물 없는 유아세례와 같다고 말한다. 그러나 세례를 통한 거듭남 을 믿는 이들에게는 그러한 주장은 전적으로 잘못된 설명이 될 것이다. 나는 그러한 논쟁을 해결할 수 없음을 인정하기 때문에 독자들에게 앞에 논의된 부분을 자세히 읽어볼 것을 권한다.

그밖의 곤란한 질문은 신자의 재세례 문제이다. 이러한 상황에는 대 개 유아시절에 세례를 받았으나 장성한 후에 자각을 통해 그리스도를 따 르기로 결단을 내린 어른이 포함된다(때로는 청소년). 그런 사람은 세례 가 자신의 선택이 되기를 원하며, 세례는 신약에 묘사된 대로 침례 방식 을 통해 이루어져야 한다고 생각할 수 있다.

유아세례를 실천하는 교회의 목사들은 성인에게 다시 세례를 받으라 고 요청하지 않는다. 어떤 목사들은 '제 2의 물세례'라는 개념을 싫어하 는데, 그 이유는 그러한 주장에 대한 성경적 근거가 없기 때문이다. 바울 은 "하나의 세례"가 있다고(엡 4:5) 말했다. 성인 세례만을 실시하는 목사 는 "하나의 세례"란 물세례보다는 신자를 그리스도의 몸으로 삼으시는 (고전 12:13) 성령에 대한 언급이라고 주장한다.

내가 보기에 그러한 주장이 세례를 다시 받고 싶도록 자극하는 요소가 된다. 나는 누군가가 개인에게 강요하면서 다시 세례를 받는 것은 그러 한 압력에서 해방되는 길이라고 주장하고 있다는 것을 논의를 통해 알기 위해서만 그런 요청을 받아들였다. 그 밖의 다른 사람들은 잠시 동안 믿 음에서 멀리 떠나 방황하다가 다시 세례를 받는 것이 갱신된 헌신을 드러낼 것이라고 생각한다.7 이것들은 신자에게 세례를 두 번 받도록 강권하는 이유가 결코 아니다.

그리스도를 받아들이기 위해 자각적인 선택이 이루어지기 전까지는 구원을 경험한 것이 아니라는 확신은 그리스도인의 구원 경험의 순서에 관한 깊은 사상을 보여준다. 신약의 유형에 의하면 첫째는 그리스도에 대한 믿음이고, 그 다음이 세례이다(행 2:38, 9:17-18). 이 요청이 숙고할 가치가 있음을 나타내는 두 번째 요소는 의식적으로 예수를 따르며 그분의 죽으심과 부활과 일치하려는 욕구이다. 세 번째로 고찰해야 할 증거는 의식이다. 사람이 결정에 대해 진지하게 생각하면서 오랫동안 기도해 오면서 다시 세례를 받는 것이 바른 단계라고 생각할 때 주의를 기울이지 않으면 안된다. 때로 개인에게 장로들이 그들의 집약된 지혜를 추구하기 전에 자신의 요청을 가져오라고 요구한다.

내가 속한 교단에서는 그 문제를 지역교회의 결정사항으로 여기고 있다. 우리 교단은 세례를 믿고 실천하지만 우리에게 핵심은 어떤 사람이 언제 어떻게 세례를 믿는가 하는 문제라기보다는 세례를 받는다는 사실 자체이다.8 목사들은 각자 성경, 교회전통, 의식에 귀를 기울임으로써 그러한 요청에 응답해야 한다.

성찬

성찬식의 거행은 신자와 주님 사이의 개별적인 행위임에도 불구하고 그것은 가족의 교제시간이기도 하다. 성찬식은 하나님의 가족들이 주의 만찬 식탁 주변에 모여 하나님의 구원의 선물을 기뻐하는 것이다. 가족이라는 개념을 긍정하고 확장시키기 위해 때로는 예배드리는 자들에게 성찬을 나누기 전에 간증을 요청하기도 한다. 간증은 어떤 주제와 연관되는데, 그러한 주제로는 "예수께서 내게 의미하는 것" 혹은 "그리스도의 몸에 속한 것을 내가 즐거워하는 이유"가 있다. 하나님의 백성이 전하는 말은 눈물을 자아내고, 박수를 불러일으키며 침묵을 찬미할 수도 있다.

　우리 교회의 관습은 그리스도를 주로 믿는 모든 사람이 성찬식에 참여할 수 있도록 허용한다. 우리는 청소년 자녀를 둔 부모들에게 집에서 성찬의 떡과 포도주에 담긴 의미에 관해 이야기를 나누어서 자녀들이 교회에서 행하는 성찬식에 대해 이해할 수 있도록 가르치라고 격려한다. 정기적으로 성찬식을 거행하는 주일마다 어린이 설교를 함으로써 어린 제자들에게 성찬식에 관해 가르칠 수 있다.

위임예배(파송예배)

　한 사람의 생애에 대한 하나님의 부르심을 인정하면서 그에게 하나님의 축복을 전하는 것은 위임예배의 목적이다. 한 성도가 단기선교사나 직업선교사가 되었을 때 선교지를 향한 출발은 성도들의 기도와 하나님의 축복으로 특징지어질 것이다(행 13:1-3). 성경봉독과 회중과 선교사 모두 하나님께 대한 믿음을 나타내는 것을 허용하는 헌신 과정에 대한 이야기, 헌신 기도가 그 예배에 포함되어야 할 것이다. 장로들은 위임받고 파송되는 선교사에게 사도행전 13장 3절에 따라 손을 얹고 기도한다. 다른 사람에게 복음을 전하도록 교회 성도들 중의 한 사람을 하나님께서 불러내실 때 교회의 삶에는 하나의 분수령이 된다. 선교지에서 그가 돌아오면 교회는 전체 보고를 듣는 시간을 계획한다.

교회 안에서 섬기던 이들이 공적으로 헌신하는 것도 중요하다. 연초에 교회직원 전원이 강단 앞으로 초청되어 그들 자신의 이름과 업무를 소개한다. 때로는 우리는 회중이 지도자에 대해 하나님의 부르심을 확신하고 그들을 지지하게 만드는 헌신 과정에 대한 이야기를 이용한다. 직원들은 그리스도와 그분의 말씀을 따르겠다는 서약으로 응답한다. 장로 중 한 사람이 교회 지도자들과 성도들을 위해 성별의 기도를 드린다.

우리는 주일학교 지도자와 교사의 헌신을 위해 새로운 가을 학기가 시작될 때 유사한 유형을 사용한다. 우리의 아와나(AWANA)스텝, 청년후원자들과 VBS스텝은 연초부터 회중에게 소개되었는데 우리는 그들을 주님께 아뢰며 자진해서 섬기기로 헌신한 이들에게 성령께서 기름부어 주시도록 구한다.

교회가족 행사

나는 교회생활에서 이정표가 될 만한 일을 축하하기 좋아한다. 특별 결혼기념일, 중요한 생일, 졸업을 교회 가족들에게 함께 모여 먹고, 웃고, 이야기를 나누는 기회로 제공한다. 우리 문화의 일부는 가족 구성원들이 특별한 행사를 위해 사진 작품을 만드는 것이다. 따라서 어떤 부부의 금혼식에서 손님들은 그 부부의 아기 사진, 고등학교 졸업 사진을 비롯해 가족의 생활을 연대순으로 보여줄 수 있는 사진전을 볼 수 있을 것이다. 대학 졸업자들은 전시중인 그들의 중학교 사진을 이해하지 못할 수도 있지만 초라한 출발을 기억하는 것은 유익한 일이다. 교회에서 이런 종류의 행사들이 있을 때 목자는 그리스도의 임재와 권능에 관해 말하고 기도할 기회를 얻게 된다. 예수께서는 축하 속에서만이 아니라 우리가 슬픔에 잠겨 있을 때도 우리와 함께 계신다.

교회 기념일을 경축하는 것은 복잡하고 비용이 많이 들 수도 있지만 신자들의 공동체에 대한 하나님의 신실하심을 돌아보며 거슬러 올라가며 확인하는 것은 소중한 일이다. 계획을 잘 세운다면 기념 계획은 과거에 대해 평가와 현재 목회사역에 대한 긍정, 그리고 미래에 대한 참여의식을 촉구할 수 있다. 교회 역사를 배우는 것은 우리로 하여금 장래를 생각하도록 자극을 줄 것이다. 초점은 그 장소에서 신자의 공동체를 통해 이루어 주신 하나님의 사역과 하나님께 두어야 한다. 이전에 교회에 출석하던 옛교인과 역대 목사를 초청하는 일은 풍성한 재결합과 옛상처에 대한 공개를 의미할 수 있다. 경건한 계획과 정직한 논의는 기대가 실제 사건을 뛰어넘지 못한다는 것을 확실하게 만들 수 있다.

새로운 시설의 봉헌은 흥분을 불러일으킨다. 공간을 늘린다는 것은 교인이 늘어날 수 있는 여지가 있다는 것을 의미하기 때문이다. 보금자리를 깃털로 장식하는 것은 젊은 성도들을 자극하지만 교회의 재직중인 나이든 성도들에게는 편안한 장소가 줄어들게 된다. 새로운 시설보다 교회가 변화했다는 것을 더 확실하게 보여주는 표적은 없다. 어떤 교인들에게 그것은 성장을 의미하지만 다른 성도들에게는 슬픔을 의미한다. 건물이 아니라 교회 성도들이 초점을 유지할 수 있는 방식으로 헌신을 계획하라. 새 건물이 존재하므로 우리는 사람들을 예수께로 인도하여 그분과의 건전한 관계로 양육시킬 수가 있다.

저당권 소각예식은 하나님이 그의 백성에게 집을 주시는 신실하신 분

이심을 선언한다. 그것은 또한 재정적인 부담이 양무리에게서 제거됨을
의미한다.[9] 어떤 교회들은 저당권이 소각된 뒤에 소량의 기부를 얻게 되
지만 신중한 기획과 지혜로운 청지기 의식이 계속적인 기부를 격려할 수
있다. 교회사역을 확장시키기 위한 저당을 위해 전에 지불한 기금을 활
용하도록 계획을 세우라.

목사로서 섬기는 것은 매일 어떤 축하의 요소가 포함됨을 의미한다.
나는 다른 목회 사무원, 건물관리인과 함께 근무한다. 대부분 우리는 일
찍 모여 전날 하나님께서 행하신 일을 나누며 기도 속에 새 날을 봉헌했
다. 우리는 궁핍한 양무리들과 서로를 위해 중보기도 했다.

양무리 안에서 좋은 일이 일어나면 우리는 가장 먼저 알게 되는 경우
가 많다. 따라서 우리는 아기의 생일을 축하하고 좋은 소식을 나누게 된
다. 어떤 성도가 성공적으로 수술을 마친 것, 부부간의 관계가 회복된 것,
혹은 주일학교 교사가 한 어린이를 그리스도께 인도한 것을 알게 된다.
우리는 교회의 재정적인 실제 상태를 알기 때문에 그분의 백성을 통한 하
나님의 신실한 공급을 정기적으로 경축한다. 단기선교 여행을 떠나는 학
생들, 성경구절을 암송하는 아와나 클럽 회원들, 영적 은사를 실천하는
성도들은 각각 우리로 하여금 주님의 이름을 높이도록 촉진한다. 교회
직원이 된다는 것은 가장 높은 사례비를 받는 것은 아니지만 함께 일하는
동역자와의 교제가 풍성한 장점이 있다.

우리는 매일 하나님의 은혜를 축하할 근거를 가지고 있다.

제12장
중보기도 드리기

Interceding

양무리를 위한 신실한 중보기도는 영적으로 의지하는 행위의 하나이다.
회중을 위해 기도하는 일은 선한 목자께서 우리를 통해
그 분의 양을 돌보시도록 의지하는 행위를 나타낸다.

12장
중보기도 드리기

"내가 저희를 위하여 비옵나니 내가 비옵는 것은 세상을 위함이 아니요

내게 주신 자들을 위함이니이다 저희는 아버지의 것이로소이다"

(요 17:9).

"내 아들아 그러므로 네가 그리스도 예수 안에 있는 은혜 속에서 강하고"

(딤전 2:1).

나는 매년 새해 첫날에 교회 가족들을 위해 새로운 기도 노트를 적기 시작한다. 노트의 각 장마다 28줄로 나눈다. 그것은 매일 몇 명이나 성도의 명단을 기도 노트에 적었는지를 보여준다. 가족들의 이름 아래 개인별로 선을 긋고 적절한 정보를 기입하는데, 학교와 학년, 근무처, 중한 질병과 하나님의 응답을 적어 넣는다. 매일 경건의 시간 동안에 그들 가족과 개인을 위해서 기도하며 하나님께 그들을 아뢰며 그분의 권능이 그들의 삶 속에 행사해 주시도록 구한다.

경험 많은 목사 한 분이 목회 초년병인 나에게 이 방법을 소개해 주었는데, 이 방법을 알고 나서 참으로 기뻤다. 각 성도를 위해 기도할 때 그들을 향한 관심이 더욱 깊어지게 된다. 언제 성도들을 심방했는지, 얼마

동안이나 기도해왔는지 논의할 수 있다. 그처럼 많은 성도들의 삶에서 하나님의 응답을 보는 데는 큰 즐거움이 있다. 그것은 교회를 하나의 가족과 몸으로 이해하는 데 도움을 준다. 또한 양의 이름과 필요를 아는 데 도움이 된다.

양무리를 위한 신실한 중보기도는 영적으로 의지하는 행위의 하나이다. 어떤 목자도 양무리들에게 필요한 일을 모두 돌볼 수는 없다. 회중을 위해 기도하는 일은 선한 목자께서 우리를 통해 그분의 양을 돌보시도록 의지하는 행위를 나타낸다. 신실한 중보기도는 또한 우리가 전적으로 책임져야 할 생각의 죄에서 우리를 구원한다. 살아계신 하나님과의 대화는 우리로 하여금 항상 겸손하게 만든다.

목사는 자신이 섬기는 양들을 위해 기도해야 한다. 교회 공동체를 위해서 기도할 뿐 아니라 공동체에 속한 개인들을 위해서도 기도해야 한다. 기도는 진실함을 만들어낸다. 여러분이 정기적인 기도를 통해 주님께 아뢰는 사람에게 무정하거나 분노하기는 어렵기 때문이다.

성도들의 육체적, 재정적 필요를 기도하다가 지칠 때가 있음을 고백하지 않을 수 없다. 하지만 그것들은 중요한 삶의 분야이다. 예수께서는 우리에게 일용할 양식을 위해 기도하라고 가르치셨다. 하지만 바울의 기도는 그의 옥중서신에서처럼 대부분의 성도가 드리는 것보다 영적인 성격을 띠고 있다(그 예로 에베소서 1:15-23을 보라).

예수께서 배반당하시기 전날 밤에 겟세마네 동산에서 드린 기도(요 17장)는 목사가 양무리를 위해 이렇게 기도할 수 있는지 그리고 어떻게 기도해야 하는지에 대해 탁월한 모형을 보여 준다.

하나님의 자녀로 알려지는 것

예수께서는 "내게 주신 아버지의 이름으로 저희를 보전하사 우리와 같이 저희도 하나가 되게 하옵소서"(요 17:11) 라고 기도하셨다. 이러한 요청을 내가 섬기는 양무리에게 적용하면서 나는 하나님의 백성이 그분의 이름에 충성하도록 지켜주실 것을 구했다. 나의 관심은 양무리에 속한 각자가 하나님의 자녀로서 자신의 정체성을 확신하게 되는 것이다. 성도들 한 사람 한 사람이 그리스도께 대한 충성을 결코 타협의 대상으로 삼지 않도록 지켜주실 것을 기도한다. 예수의 기도에는 하나님의 자녀가 그분에게 충성할 때 그 결과는 교회의 일치로 나타난다는 것을 의미한다.

그리스도의 기쁨을 소유하기

요한복음 17장 13절에서 예수님께서는 제자들에게 "내(예수의) 기쁨을 충만히 가지게 하려고" 기도하신다. 나는 하나님께서 그분의 백성을 그리스도의 기쁨으로 충만하게 채우시기를 기도한다. 하루를 지나는 중에 그들이 매우 눈에 띄는 사건 속에 나타나는 하나님의 권능의 팔만 아니라 가장 작은 일상 속에서도 희미한 빛을 발하는 그분의 은혜를 발견하기 원한다. 기쁨은 환경을 초월하므로 내가 섬기는 성도들이 긴장에 휩싸인 사건 속에서도 기쁨을 나타내도록 기도한다.

보존되기

"악에 빠지지 않게 보전해 주소서"는 우리 주님의 중보기도의 다른 부분이다(요 17:15). 나는 영적인 싸움을 중요하게 여긴다. 닐 앤더슨의 자료는 성경에 근거한 핵심적 기준과 효과적 도구를 공급해 주었다.[1] 성경은 사단 과 그리스도인에 대한 사단의 고의적인 적대가 실재함을 가르치고 있다. 성경 기자들은 대적을 진지하게 다루면서 독자들에게 자신들의 본을 따를 것을 기대한다. 나는 교회 가족들에게 영적인 갑옷과 투구를 착용하고 사용하라고 가르친다(엡 6:10 - 20). 신자가 그리스도를 찬성하는 입장을 취하면 곧 반대가 나타날 것이며, 때로 싸움이 휘몰아치기도 한다. 하나님께서 그분의 백성에게 전신갑주를 입고 성령을 의지하라고 일깨워 주시도록 기도하는 것과 그리스도 편에 굳게 서는 것은 기본적인 영적 중보기도이다.

거룩함을 간직하기

예수님께서 "저희를 진리로 거룩하게 하옵소서 아버지의 말씀은 진리니이다"(요 17:17)라고 기도하셨을 때, 그분은 제자들의 거룩함을 위해 기도하신 것이다. "거룩해지다"라는 말은 "특별한 용도를 위해 분리된다"를 의미한다. 성전에서 사용되는 그릇들이 특별한 용도를 위해 구별되듯이 각 성도("거룩한 자")는 주께 거룩해져야 한다.

나는 주님의 이름으로 섬기는 성도들이 거룩함 속에서 성장하도록 도우시기를 매일 기도드린다. 도덕적 기준을 상실한 세상 속에서, 영적 나침반이 사라진 문화 속에서 거룩한 백성은 차이를 낳는다. 나는 거룩한 목사가 되어야 한다. 성도들은 성실함, 진실성, 투명성으로써 다른 사람을 그리스도께 인도할 수 있다. "모든 사람으로 더불어 화평함과 거룩함을 좇으라 이것이 없이는 아무도 주를 보지 못하리라"(히 12:14).

하나님의 백성은 어떻게 거룩함 속에서 성장하는가? 성경의 진리를 알고 실천함으로써 자란다. 그러므로 양무리의 구성원들이 계획을 세워 성경을 읽고, 공부하도록 기도한다. 그들의 가슴 속에 숨겨진 말씀을 기억하고 유혹과 실망이 공격해올 때 그 말씀에 의지하여 행동하도록 기도한다. 주의 성령에 의해 성격이 형성되고 말씀의 진리에 따라 결정하도록 탄원한다.

거룩함 속에서 성장하는 것은 하나님의 영과 보조를 맞춘 결과이다(갈 5:25). 결국 그분은 성령으로써, 죄에 대해 우리를 깨닫게 하시고 진리로 인도하시려는 의도를 가지고 계신다(요 16:13). 하나님의 백성이 예수를 영화롭게 하는 일에 전념할 때 성령이 진정으로 역사하신다(요 16:14).

일치되기

요한복음 17장에서 우리 주님이 가장 많이 드린 기도는 그분을 따르는 제자들이 "하나" 되는 것이었다(11, 21, 22절). "저희로 온전함을 이루어 하나가 되게 하려 함이라"고 23절에 덧붙이고 있다. 믿음의 가족이 하나 되는 것과 함께 하는 것은 예수의 기도 속에서 수위를 차지하고 있다. 그러한 주제가 예수님의 기도를 지배했다면, 일치(一致)야말로 양무리를 위한 우리의 기도 속에서 현저한 관심이 되어야 한다.

사람들이나 가족들이 다투고 있을 때 우리는 집중적으로 기도하며 치유와 일치를 위해 노력한다. 하지만 어떤 관계의 분열은 교회일치에 관해 정기적으로 기도함으로써 예방될 수 있다. 왜 문제가 일어나기 전에는 하나됨을 위해 기도하지 않는가? 내가 지금 섬기고 있는 교회는 여러해 동안 분열과 싸워왔는데도 좀처럼 중단될 기미가 보이지 않았다. 하지만 첫 번째 기도모임에서 하나님께 드려진 기도 중의 하나는 "아버지 하나님, 세상이 믿을 수 있도록 저희를 하나로 만들어 주옵소서." 였다. 우리가 건전하고 조화를 이룰 때 그것은 하나님이 그분의 백성의 기도에 응답하셨기 때문이라는 사실을 알게 될 것이다.

남편과 아내, 부모와 자녀들이 살아가기 위한 싸움이 증가하고 있다. 많은 목사들이 성도들의 이혼을 방지하며, 대다수의 사람들이 언젠가 집에서 싸운 적이 있는 관계의 실체와 기본적인 영적 진리를 가르치는 데 많은 시간을 사용하고 있다. 나는 우리의 결혼과 가족의 일치를 위해 기도한다. 그 기도 중의 일부는 이기적인 것임을 고백하지 않을 수 없다. 나는 상담을 할 시간이 더 이상 없다!

하나님의 사랑을 보여주기

예수님께서는 "내가 아버지의 이름을 저희에게 알게 하였고 또 알게 하리니 이는 나를 사랑하신 사랑이 저희 안에 있고 나도 저희 안에 있게 하려 함이니이다"(요 17:26)는 말씀으로 기도를 맺고 있다. 중보기도 시간에 우리는 각 신자 가족, 교회 가족 안에 하나님의 사랑이 살아 있도록 기도해야 한다. 진정한 사랑은 다른 사람을 끌어당기며, 사랑은 나눔을 증가시킨다. 하지만 그것은 신자들이 개별적으로 하나님의 사랑을 경험하고 믿음의 가족 안에서 그 사랑을 나누는 것에서 시작된다.

여러분은 여러분의 돌봄 안에 맡겨진 사람들을 위해 기도하는 고유의 방법을 개발할 것이다. 여기에서 소개한 접근은 단지 수많은 방법 중의 하나일 뿐이다. 나는 다음과 같은 실천만큼 모범에 대해 관심을 가지는 것이 없다. 여러분의 회중을 위해 중보기도하는 목사가 되라!

짐 심발라 목사는 뉴욕에 있는 브루클린 태버너클에서 기도의 역할을 강조하고 있다.[2] 아주 작고, 생존경쟁에 시달리던 하나의 소그룹을 건전한 교회로 변화시키는 것은 열정적 기도와 하나님의 응답이다. 심발라 목사가 자신의 양무리에 관해 들려주는 말은 우리에게 진지한 숙고를 요구한다. "기도회는 우리 교회의 척도가 될 것이다. 화요일 밤에 일어난 일은(그들의 주중 예배) 성공이나 실패를 측정할 수 있는 계기가 될 것이다. 그 이유는 그것이 하나님이 우리를 축복하시는 데 사용하시는 수단이 될 것이기 때문이다."[3] 양무리에 대한 우리의 기도 때문에 하나님은 교회 안에 기도를 위한 열정을 불붙이시기를 선택하실 수도 있다. 하지만 우리는 결코 기도하는 목사 없이는 기도하는 교회를 만들 수 없을 것이다.

Postscript 후기

이 책에서 목사의 권위 문제를 포함한 어떤 목회적 관심 분야를 생략한 것은 사실이다. 나는 그 문제를 모든 목사가 우리의 소명을 다룬 서론과 씨름해야 할 것으로 여겼다. 참고 도서목록에서 언급할 수많은 작품들이 목회자의 권위에 대해 자세히 알려줄 것이다(목회자의 권위의 기원, 특성, 훈련). 상담, 행정적 배경에서의 목회적 돌봄, 문제해결(분쟁해결) 분야에서 나보다 더욱 지혜로운 목사님들이 쓰신 많은 책들을 소개했다.

이 책은 목회사역의 기본적 성경 원리에 대한 설명의 하나이다. 여러분의 숙고를 돕기 위해 목회사역 중에 얻은 다음과 같은 통찰과 금언을 소개한다.

· 사람은 업무보다 중요하다.

· 단지 누군가를 타도했기 때문에 그가 옳은 것은 아니다.

· 상대방의 계획의 결여가 나의 위기를 초래하는 것은 아니다.

· 먼저 계획하라. 노아가 방주를 짓기까지 비는 내리지 않았다.

· 느낌은 실제적인 것이지 반드시 실체를 가리키는 것이 아니다.

· 온유하라.

· 가정에 근거하여 행동하지 말고, 먼저 의문을 명확하게 밝히라.

· 때로는 누군가가 지지하기 때문에 우리가 옳다는 것은 알지만
  때로는 누군가가 반대하기 때문에 우리가 옳다는 점을 안다.

· 의사소통의 가장 큰 문제는 발생한 일에 대한 의심이다.

· 진행 중인 일들은 실패처럼 보일 때가 많다.

· 의도하지 않은 결과의 법칙은 긍정적인 면과 부정적인 면을
  모두 포함하고 있다.

· 반응보다 언제나 나은 것은 사전 행동이다.

· 잠재된 수위성을 과소평가하지 말라(먼저 목적을 달성하라).

· 회중은 우리의 설교를 잃어버리지만 우리의 친절은 기억한다.

· 부러진 것은 쉽게 붙지 않는 경우가 많다.

 (당연한 결과로 장기간 문제가 해결되지 않을 때 즉시 치료하시는 주님을 기억하라).

· 성격이 가장 중요하다.

· 하나님의 의도에 따르지 않는다면 돈은 끊임없이 악을 지향하기 쉽다.

· 교회에서의 결혼식은 교회에 출석하는 성도의 가족에게만 허용한다.

· 논쟁에서 승리하는 것은 관계를 유지하는 것보다 중요하지 않다.

· 과정은 결과보다 더 중요하다.

· 영성과 인격을 혼동하지 말라(성격이 비관적인 사람이 반드시
  하나님에 대한 믿음이 부족한 것은 아니다).

· 목회의 목표는 사람들을 예수께 인도하여 그분과의 관계를
  양육하는 것이다.

· 교회의 기도생활은 근본적으로 목사의 기도생활에 연관되어 있다.

· 혼돈은 언제나 새로운 창조에 앞서 나타난다.

· 섭리는 때로 측량할 수 없다.

· 하나님은 견해가 다른 사람과 함께 하는 자를 축복하신다.

· 기대에 근거하여 정책을 세우지 말라.

· 권위를 사용하기 전에 권위에 대한 순종을 보이라.

이 책을 끝맺기 전에 여러분에게 상기시켜야 할 한 가지 최종적인 원리가 있다. 그것은 목회적 돌봄에는 목사에 대한 돌봄이 포함된다는 것이다. 여러분의 행복을 지키기 위해 다음과 같은 일들을 행하기 바란다.

배우자를 사랑하라. 정기적으로 두 사람만 있는 시간을 만들라. 긴급한 경우를 제외하곤 일상에서 벗어나라. 여러분의 보상 보따리 안에 포함된 휴가 기간을 연구하는 데 사용하라. 휴가 기간을 내어 휴양림 속에서 지내 보라. 갱신과 창의성은 장기간에 걸친 시간 속에서 가장 잘 회복된다. 정기적으로 운동하라. 휴식을 취하라(자는 것은 믿음의 행위이다. 성구색인집을 찾아 보라). 채소를 섭취하라. 당신이 좋아하는 일을 하기 위해 매주 시간을 내라.

전장(戰場, 싸움터)을 선택하라. 때로 위원회 모임이나 부서 모임은 서면보고로 대신하라. 정기적으로 가족과 함께 지내라. 식사를 함께 하며, 놀이를 즐기며, 이야기책을 읽고 웃어 보라. 부유한 양들과 함께 보내는 만큼 건강한 양들과 많은 시간을 보내라. 성경을 공부하고 기도하라. 하나님이 여러분을 사랑하시며, 목회자로 부르셨으며, 언제나 여러분을 붙잡고 계시다는 사실을 잊지 말라.

지금까지 언급한 대로 목회적 돌봄의 목표는 개인을 그리스도에게 인도하여 그분과의 관계를 양육하는 것이다. 지금도 목회하고 계시는 나의 부모님은 목자가 되기로 결정하셨다. 선한 목자를 닮기로 결심하셨다.

> 확실한 일은 적다. 우리는 목자이신 하나님이 창조하신 우주 속에 살고 있다. 주님은 우리의 목자이시다. 우리가 사는 세상은 목자이신 구세주에 의해 구속되었다. 우리의 맏형이신 그리스도는 목자이시다. 겸손이 가장 필요한 사람은 목자이다. 그리스도의 모든 사자들은 목자의 사역을 행하라고 보냄 받았다. 우리는 목자이신 심판자 앞에 결국 서야 한다. 하나님은 선한 목자를 악한 목자로부터 구별하실 것이다. 모든 목자가 직면해서 답해야 할 질문은 세 가지이다.
>
> 너는 내 양을 먹였는가?
> 너는 내 양을 찾는가?
> 너는 내 양을 먹였는가? [1]

Notes 각주

1장. 소명을 구체화하기

1. 유진 피터슨, 묵상하는 목사(달라스, 워드사, 1989), p 24.

2. 짐 심발라는 '출석, 건물, 헌금' 을 기초적인 "성삼위일체"라고 부른다. 심발라의 저서 신선한 바람, 신선한 불(그린드래피즈, 존더반사, 1997), 121.

3. 오스 귀니스, 사단과의 식사 : 대형교회 운동의 활발한 움직임과 근대성(그랜드래피즈, 베이커출판사, 1993), 49.

4. 헨리 J. M. 나우웬, 예수 이름으로(뉴욕 : 크로스로드, 1989), 20.

5. 목자와 양무리 이미지는 시편 전체에 일관되게 나타난다. 성구색인집을 펴서 목자, 양무리, 양이라는 단어를 시편에서 찾아 보라. 하나님께서 여러분을 목회하는 법과 하나님이 목사들에게 기대하시는 사역 방법을 발견하게 될 것이다.

6. 시편 23:3에 나오는 길은 "깊은 골짜기" 를 가리킨다. 그 의미는 양은 앞서간 양 동료들처럼 같은 길을 걸어야 할 필요가 있다는 것을 말했다. 잘 다져진 길은 미국의 주간 고속도로보다 안전하다.

2장. 양무리를 보살피기

1. 나는 성경과 설교를 소중히 여기는 입장을 취하고 있다. 그러한 입장은 "청중은 메시지가 아니라 주권자"라고 말하는 교회성장론과 다툼을 일으킨다는 것을 알고 있다. 오스 귀니스의 저서, 사단과의 식사 (그랜드래피즈, 베이커출판사, 1993), 58.

2. 이 이야기는 캔트와 바버라 휴가 쓴 저서 "성공증후군으로부터 해방된 목회" (휘튼, 틴데일하우스, 1987), 187-188에 있다.

3. 결과를 인식하라. "최고 경영자처럼 사는 자들은 그들처럼 해고된다" (귀니스, 사단과의 식사, 53).

4. 존 나이스빗, "메가트렌즈" (뉴욕, 워너북스, 1982), 45-46.

4장. 신뢰를 얻기

1. 휴, "목회의 해방" (휘튼, 틴데일하우스, 1983), 181.

2. 돈에 관련된 문화와 성경에 대한 충실한 해석을 위해서는 리차드 포스터, "훈련된 삶에 대한 도전" (샌프란시스코, 하퍼출판사, 1985), 19-36을 보라.

3. 대인관계에서 오는 갈등과 실제적 반응에 대한 철저한 논의를 위해서는, 케니스 C. 하우케, "교회의 대적" (미네아폴리스, 아우구스부르그, 1988)을 보라.

4. 게리 J. 올리버, "진실한 사람도 감정이 있다" (시카고, 무디출판사, 1993), 222.

5. 찰스 H. 스펄전, "목사 후보생에게"(그랜드래피즈, 베이커출판사, 1977), 2차 시리즈, 163.

6. 7장을 보라.

7. 도날드 I. 부브다와 사라 M. 리켓츠, "사람을 세우기" (휘튼, 틴데일하우스, 1978), 78-80.

5장. 섬기기

1. 브류어 매톡스, 목사기도서에서 인용, 존 도버스테인 편(필라델피아, 물렌브루그, 연대미상), 359.

2. 마이클 카드, "여행의 즐거움" CD에 수록된 "왜?", 판권등록 1984, 엔드뮤직(관리자, 스패로우사(社))(ASCAP)사전 허락을 받아 사용.

6장. 귀를 기울이기

1. 데이비드 옥스버거, "말하기와 청취의 배려" (벤튜라, 캘리포니아주, 레갈출판사, 1982), 12.

7장. 사랑하기

1. H. 노만라이트, "결혼전 상담" (시카고, 무디출판사, 1977), 186.

2. 진리와 사람 사이의 관계에 대한 유익한 연구를 위해서는 시편 55 : 10에 대한 묵상("신실함"은 "진리"라는 뿌리에서 맺힌다), 베드로전서 1:22, 요한일서 3:18, 요한이서 3장. 바울은 목사의 경험과 수없이 맞아떨어지는 질문을 던진다), "그런즉 내가 너희에게 참된 말을 하므로 원수가 되었느냐?" (갈 4:16).

3. 부브나와 리켓츠, "사람을 세우기", 81.

8장. 심방하기

1. 찰스 제퍼슨, 목자로서의 목사(뉴욕, 토마스 Y 크로웰사, 1912), 6.
〈이런 목회자가 교회를 성장시킵니다〉라는 제목으로 번역됨 (엘맨출판사)

2. 교회의 성도는 진정 '내 것' 이 아니다. 나는 내가 섬기는 양들에 대한 과도한 소유권 의식의 활용을 피하려 한다. '나의' 라는 소유대명사를 사용할 때, 나는 단지 일상적인 표현대로 사용한 것이다.

3. 여자 목사가 지켜야 할 규칙은 "남자 성도 혼자 있는 가정에는 심방을 피하라", "여자 목사가 혼자서 남자와 점심 식사를 하는 것은 적절하지 않다" 이다. 나의 보수주의적 주장에 대해 많은 목사들과 성도들이 동의하지 않을 줄 안다. 하지만 적절한 지침과 한계는 목사의 사역을 혼란과 좌절로부터 지켜준다.

9장. 위로하기

1. 이 주제는 8장에서도 다루어졌다.

2. 모든 목사는 슬픔이 극복되기까지 그 진전되는 과정의 요소들을 알고 확인할 수 있어야 할 필요가 있다. 슬픔과 장례사역에 대한 더 깊은 통찰을 얻기 위해서는 다른 자료들을 참조하라. 폴 E. 앵글 편, "베이커사의 장례식 핸드북" (그랜드래피즈, 베이커출판사, 1996), 워렌 위어스비와 데이빗 위어스비, "가족을 잃은 자를 위로하기" (시카고, 무디출판사, 1985), 엔드류 블랙우드, "장례" (필라델피아, 웨스트민스터출판사, 1942), 후자는 오랜 전에 출간된 책이다. 적어도 두 세대에 걸쳐 목사들에게 기준을 제시했다. 이런 정보는 시대에 뒤진 것이지만 접근은 전형적으로 목회적이다. 또한 댄 S. 로이드, "오늘날의 장례예배 일들" (그랜드래피즈, 베이커출판사,

1997)을 보라.

3. 그랜저 웨스트버그, 유일한 슬픔(필라델피아, 포트레즈출판사, 1972).

10장. 예배 인도하기

1. 워렌 위어스비, "진정한 예배"(내쉬빌, 올리버넬슨출판사, 1986), 27.

2. 윌리엄 윌리몬, 목회적 돌봄으로서의 예배(내쉬빌, 아빙돈출판사, 1979), 216.

3. 목회기도에 대한 유일한 논의를 창조하기 위해서는 다음 책들이 가장 훌륭하다. 토마스 C. 오덴, "목회신학", 목회의 점수(샌프란시스코, 하퍼앤로우, 개정판, 1983), 제임스 D. 버클리 편, "실천신학 지도력 지침서", 말씀과 예배총서 1권(그랜드래피즈, 베이커 출판사, 1992), 랄프 G. 턴블 편, "베이커사의 실천신학사전"(그랜드래피즈, 베이커출판사, 1967).

4. 성전의 축도 : 민수기 6:24-26, 고린도후서 13:14, 에베소서 3:20-21, 디모데전서 1:17, 히브리서 13:20-21, 유다서 24-25.

5. 심층연구자료의 해당부분의 도서를 참고하라.

6. 윌리몬, "목회적 돌봄으로서의 예배", 212.

11장. 축하하기

1. 마이클 J. 맥마누스, "결혼 구원자"(그랜드래피즈, 존더반사, 1993), 254. 1990년에 미국에서 거행된 결혼식의 34%가 교회와 관련되어 있다. 1960년에는 초혼의 83%가 교회와 연관되었다. 여러분은 맥마누스의 "공동체의 결혼정책"(페이지 253)이란 책을 보면 그 내용에 쉽게 동의할 것이다. 이 책은 목사들에게 경쟁으로부터의

자유를 주고 광범위한 지역의 교회들 가운데 일관된 결혼 전 상담을 시행하는 데 영
향을 주었다.

2. "준비"(PREPARE)는 라이프 이너베이션사를 통해 구입할 수 있다. 이 회사의
주소는 P. O. Box 190, Minneapolis, MN 55440-0190이다. 훈련에는
PREPARE／ENRICH 자료가 요구되지만 시간과 돈을 투자할 만한 가치가 있는 자료
이다.

3. 인물조사기록에 기재된 정보를 적절히 논의하기 위해서는 두 차례 이상의 상담
기회가 요구되는 경우가 많다. 따라서 필요에 따라 기간을 연장하기도 한다.

4. 이 기간으로부터 한 달 전에 예비 신랑 신부에게 결혼식 예배와 연관된 자료를
보여주는데, 그 안에는 결혼식의 취지, 서약, 반지교환, 성경구절 목록, 과거의 예식
으로부터 뽑은 다양한 결혼 기도문이 포함되어 있다. 그들에게 그것들을 외울 필요
가 없다는 말을 빠뜨리지 않는다.

5. 목회적 관점에서 본 결혼식 계획에 대한 철저한 논의를 창조하기 위해서는 루
스 머찌와 R. 켄트 휴, "기독교 결혼 기획자"(휘튼, 틴데일하우스, 1984)에서 얻을 수
있다. 조언과 참고양식은 훌륭한 결혼식 계획 작성에 유익하다. 그 중에서도 "예식
의 실제"라는 장만으로도 그 책의 가격만큼의 가치가 있다.

6. 이것은 "교회 결혼식을 교회성도에게 허용한다"는 원리이다. 나는 예비 부부
에게 자녀를 헌신하겠다고 동의하기 이전에 교회에 대한 충성을 보일 것을 주장한
다.

7. "일반 예배서"(루이빌, 웨스트민스터/존녹스출판사, 1993), 449-88. 이 책
에는 세례 언약 재확인(입교식에 해당), 예배 모범들이 포함되어 있다. 그것은 환경
을 고려하는 데 유익한 자료이다.

8. 이것은 나의 개인적 요약이다. 나는 미국 복음자유교회의 공식 입장을 대변하

는 것이 아니다.

9. 나는 저당권을 소각한 교회의 목사를 역임한 적은 없다. 아마도 그것은 내가 비교적 경험이 적기도 하지만 저당권이 설정된 교회에서만 목회해 왔다. 하나님은 언제나 그 빚을 지불할 수 있도록 신실한 은혜를 베풀어 주셨다.

12장. 중보기도 드리기

1. 닐 앤더슨, "어둠의 세력에 대한 승리"(벤츄라, 캘리포니아, 레갈출판사, 1990) 과 "속박을 깨뜨리기"(유진, 오레곤주(州), 하비스트하우스, 1990). 앤더슨 박사가 제안하는 세밀한 부분까지 맹종하는 것은 아니지만, "자유를 위한 단계"는 개인과 가족들이 영적 자유를 소유하는 데 대단히 효과적이라는 점을 발견했다. 그의 책 "여러분의 교회를 자유롭게 하기"는 모든 목사와 교회 지도자들의 필독서이다. 이 것을 읽고 나서 적용해 보라!

2. 짐 심발라, "신선한 바람, 신선한 불"(그랜드래피즈, 존더반출판사, 심발라 목 사는 모든 교회가 자신이 섬기는 교회와 같이 되어야 한다고 주장하는 것은 아니다. 그는 단지 우리를 기도로 초청한다.

3. 같은 책, 27.

후기

1. 제퍼슨, 목자로서의 목사, 42.

심층연구를 위한 자료

여기에 언급된 도서와 자료들은 실제로 도움을 받은 유익한 작품들이다. 여기에 수록된 책의 대부분은 본문 내용에 인용되지 않았다. 여기에 어떤 책이나 저자를 포함시켰다고 해서 저자나 편집자의 신학과 견해에 동의한다는 것을 의미하지는 않는다.

목회 일반분야

헨리 나우웬은 로마 카톨릭의 사제이자 그리스도를 사랑한 학자로서 예리한 목회적 비전을 가지고 있었다. "예수 이름으로 : 기독교 지도력에 대한 고찰"(뉴욕, 크로스로드출판사, 1989)은 목회자들을 의도적으로 인기를 얻거나 강력해지기를 선택하기보다는 그리스도의 모습을 따르도록 초청한다. 사막 교부들의 삶을 배경으로 사용하는 "마음의 길 : 사막 영성과 현대목회"(샌프란시스코, 하퍼샌프란시스코, 1981)는 개인 영성을 위한 모범을 제시한다. "상처 입은 치유자 : 현대사회의 목회"(가든시티, 뉴욕, 이미지북스, 1979)를 목회 상황이라는 렌즈를 통해 목회에 접근한다. 목회 사역의 희생적 성격에 대한 나우웬의 이해는 고통스런 시기를 지내고 있는 목회자들에게 치유하는 기름을 공급한다.

"활동하고 있는 천사들 : 목회적 성실성의 형성"(그랜드래피즈, 어드만출판사, 1987), 유진 피터슨은 성경과의 상호작용, 즉 기도의 추구와 영적 지도의 작용에 대해 활기찬 접근을 제공한다. "전복시키는 영성"(그랜드래피즈, 어드만출판사, 1994)은 피터슨의 설교와 글을 모아 놓은 것으로 책의 형태로는 출간된 적이 없는 작품이다. 그 내용은 성경 본문 이해와 씨름하는 실례와 광범위한 의무와 체험에 대한 목회적 대화를 담고 있다. "묵상하는 목사"(달라스, 워드사, 1989)의 여러 장들은 여러 해 동안 리더십지에 기고한 자신의 글에서 뽑은 것과 그의 시와 논문들이 들어 있다. 그의 최근 작품 중의 하나인 "예측할 수 없는 나무"(그랜드래피즈, 어드만출판사, 1994)는 어려운 시기를 겪고 있는 목사들에게 살아남으라고 격려한다.

복잡한 관계와 윤리적 상황을 다루는 지혜는 마이클 밀코의 "교회의 지도력의 윤리적 위기"(그랜드래피즈, 크레겔출판사, 1997)에서 비롯된다. 그는 성경의 가르침과 교파 지도자들이 취해야 할 실제적 단계를 보여주고 사례별 연구를 제공한다.

릭 워렌의 "목적지향적인 교회"(그랜드래피즈, 존더반출판사, 1995)는 여러분과 여러분의 교회가 지금 하고 있는 것을 행하는 이유에 대한 초점을 또렷하게 한다. 이 책은 21세기에 들어선 목사와 교회 지도자들이 반드시 읽어야 할 책이다.

로버트 후던트는 "이 백성, 이 성도"(그랜드래피즈, 존더반출판사, 1986)에서 양무리와 목자 사이에서 하나님의 사랑을 경축한다. 이 작품은 여러분이 피곤해지고 양무리를 위한 열정이 갱신될 필요가 있을 때 조금씩 읽기에 유익한 책이다. 여러분이 실망을 느낄 때 워렌 위어스비가 쓴 "하나님의 종이 되어 가는 도상에서"(내쉬빌, 토마스넬슨사, 1993)는 조명과 자극을 제공할 것이다.

광범위한 목회적 책임에 대한 철저한 대책을 알기 위해서는 토마스 L. 오덴의 "목회신학 : 목회의 본질적 요소"(샌프란시스코, 하퍼샌프란시스코, 개정판, 1983)와 리차드 존 노이하우스의 "목회를 향한 자유"(그랜드 래피즈, 어드만출판사, 1992) 성경에 근거하여 묵상하는 노련한 목사들의 통찰을 보여준다. 목회에 대한 성경적 접근을 요약하기 보다 짧게 읽을 수 있는 책을 워렌 위어스비와 데이빗 위어스비가 쓴 "기독교 예배를 위한 강력한 10가지 원리 : 새로운 세계를 향한 목회의 역동성"(그랜드래피즈, 베이커출판사, 1997)을 보라.

목회적 돌봄 분야의 고전 작품

베이커출판사가 최근에 다시 발간한 토마스 C. 오덴의 4권짜리 작품 "고전적 목회적 돌봄"(1994)은 교부시대로부터 종교개혁기에 이르는 기간 동안의 전형적인 목회 기대와 지침을 편집한 책이다. 영적 양무리와 목자는 교회에 들어오기 오래 전부터 작용해 왔다. "목자 되기"(1권)는 "목양에 대한 은유"(2장)에 관련된 훌륭한 자료들을 포함하고 있으면서, 목자/양, 은유가 교회의 시초부터 목회에 대한 이해를 형성해 왔음을 보여준다. 또한 목회적 소명, 성직 임명, 영혼을 돌봄을 다룬 부분이 들어있다. 2권은 "말씀과 성례자를 통한 목회"로서 목회적 돌봄과 함께 이 책의 10장에서 언급한 요소를 더 확장시켜 다루고 있다. "목회상담"은 3권으로서 모든 전문적 기독교 상담가들로 하여금 영혼의 돌봄에 대해 성경적,

역사적 근거를 확립하기 위해 반드시 읽어야 할 책이다. 4권은 "위기 목회"로 고난에 관한 장은 내게 풍성한 광맥이 되었다. 또한 가족과 결혼, 죽어가는 자를 돌봄에 대해 언급했다. 각 권이 포함한 정보와는 별도로 전체적으로 이 시리즈는 독자들에게 교회의 시초로 거슬러 올라가는 역사와 전통적 목회적 돌봄을 보여주고 있다. 우리의 소명과 실제는 오랜 전통의 일부이므로 뿌리를 아는 것은 유익하다.

여러 시대에 걸쳐 목사들에게 통찰과 지침을 제공해 온 1권짜리 책들에는 찰스 햇돈 스펄전의 "목사 후보생들에게"(그랜드래피즈, 베이커출판사, 1977), 찰스 제퍼슨의 "목자로서의 목사"(뉴욕, 토마스 J 크로웰출판사, 1912), 찰스 브릿지의 "기독교 목회"(1판, 1830, 에딘버러, 배너오브트루스, 1976), 앤드류 블랙우드의 "목회 사역"(필라델피아, 웨스트민스터출판사, 1945)가 있다. 이 작품들은 문화적으로는 시대에 뒤졌지만 목회를 지탱하는 성경적 원리를 전하기 때문에 오랜 세월이 지났음에도 불구하고 여전히 유익하다. 이 책을 대강 읽기만 해도 목회적 돌봄 방법의 변화과정에 대해 어떤 통찰을 얻을 수 있을 것이다.

교회 성장

교회 성장 운동 이념과 방법론에 대한 가장 강력한 접근은 오스 귀니스의 "사단과의 식사 : 대형교회 운동의 활발한 움직임과 현대성"(그랜드래피즈, 베이커출판사, 1993)에서 발견된다. 이 책은 분량이 적지만 신중한 연구와 창조적으로 표현된 정보로 포장되어 있다. 따라서 이 책은 서서히 읽도록 계획할 필요가 있다. 귀니스는 교회를 그리스도의 몸으로 보는 견해와 종교적인 사업으로 보는 견해를 생생하게 대조시키면서 그러한 견해의 기원과 장래를 밝히고 있다.

"교회 성장 이해"라는 도날드 맥가브란과 피터 C. 왜그너에 의해 편집된 작품(그랜드래피즈, 어드만출판사, 1990)은 그 논의를 시작하게 만든 책이다. 그러므로 구해서 읽어 보라. 목자 은유의 위치를 소개하는 이미지에 관한 가치있는 작품은 조지 바나의 "교회마케팅"(콜로라도 스프링스, 내브출판사, 1988)과 칼 F. 조지의 "여러분의 교회로 하여금 미래에 대비하게 하라"(해리타운, 뉴욕, 플레밍 H. 레벨사, 1991)가 있다.

장례와 슬픔

장례식 설교에 대한 도움과 선택 정보를 얻기 위해서는 폴 E. 엥글이 쓴 "베이커사의 장례 핸드북"(그랜드래피즈, 베이커출판사, 1996)을 보라. 이 책은 대부분의 기독교 교파의 장례예배 모범과 모범설교, 특별상황에 대한 예전(禮典)과 자료를 포함하고 있다. 정보와 형식은 시간을 절약하고 목사로 하여금 한 곳에서 많은 주요 정보를 얻을 수 있도록 도와준다. "일반예배서"는 905페이지에 장례/개회기도, 봉독할 성경구절, 예배모범을 싣고 있다. 발간될 때부터 유익성을 입증해 온 두 가지 다른 자료는 버지니아 슬로얀이 편집한 "기독교인의 죽음에 관한 자료집"(시카고, 예전훈련출판사, 1990), 로버트 카스테버움과 베아트리체 카드피바움이 편집한 "죽음대백과"(뉴욕, 에이본출판사, 1989)가 잠자는 기독교적 관점에서 성경구절, 기도, 묵상을 언급하고 있다. 후자는 제공하는 범위와 깊이에서 여러분을 놀라게 할 것이다.

기도

"일반예배서"는 연중의 52주일을 위한 기도 외에 특별예배와 절기를 위한 수많은 선택자료를 담고 있다. 또한 시간을 투자하여 읽을 가치가 있는 책들은 조지 애플튼 편저, "옥스퍼드 기도서"(옥스퍼드, 옥스퍼드대 출판부, 1985), 에어레네 시, 마크 파리 "예배를 위한 말씀"(스코트데일, 펜실버니아, 헤랄드출판사, 1996), "365일 개인 기도서"(휘튼, 틴데일하우스, 1991), 케니스 브아와 맥스 앤더스 저 "가까이 나아가기"(네쉬빌, 토마스 넬슨사, 1987), "기도로의 부름 : 교회력에 따른 공예배", 카릴 빅 클렙 편저(그랜드래피즈, 어드만출판사, 1993)가 있다. 각 장을 기도로 시작하는 A. W. 토저의 책 "거룩함의 인식"(샌프랜시스코, 하퍼건포에시로코, 1961)은 읽고 숙고할 가치가 있는 책이다.

예배

기독교 예배가 따르고 포함해야 할 요소에 대한 탁월한 요약은 "일반예배서"의 서문에서 찾아볼 수 있다. 나는 이 책을 매주 이용하여 특별한 날과 절기를 위한 계획을 세우는 데 도움을 얻고 있다. 두 세대 전에 불린 언더힐이 쓴 고전 작품 "예배"(뉴욕, 하퍼앤로우, 1936)는 논의의 광범위함과 표현의 명료함으로 인해 기본교과서가 되고 있다. 오랫동안 고전으로 여겨져온 A. W. 토저의 "거룩함의 인식"(샌프란시스코, 하퍼샌프란시스코, 1961)도 마음을 따뜻하게 하면서도 현대정신에 도전하는 경건한 문체로 하나님의 속성을 탐구한다.

윌리엄 윌리몬이 "목회적 돌봄으로서의 예배"(내쉬빌, 아빙돈출판사, 1979)에서 자신이 주장한 견해의 일부를 오늘날 바꿀 수 있음에도 불구하고, 여전히 그 주제를 다룬 단 하나의 가장 포괄적인 책이다. 그 작품에서 다루는 사례별 연구는 자신의 교회 경험에 대한 추론에 근거하고 있기 때문에 그의 제안은 목사들에게 창조성으로 인한 명성을 얻게 하기에 충분하다. 성경적 관점에서 현대 미국의 "예배 전쟁"을 언급하고 있는 두 권의 책은 워렌 위어스비가 쓴 "참된 예배"(내쉬빌, 올리버넬슨북스, 1986)와 돈 허스타드가 쓴 "진정한 예배"(휘튼, 해롤드쇼와 캐롤스트림 Ⅲ세, 호프출판사, 1998)이다. 이 두 작품의 저자들은 자신의 삶을 지역적으로나 세계적으로 교회를 섬기는 데 삶을 바쳐왔기 때문에 주의 깊이 들을 가치가 있다.

결혼식

폴 E. 엥글이 "베이커사의 결혼 핸드북"(그랜드래피즈, 베이커출판사, 1994), 수많은 교파의 전통의 결혼예배 순서와 기도, 설교, 성경구절, 찬송을 제공하고 결혼 계획에 쉽게 사용할 수 있는 계획차트까지 제시하고 있다. "일반 예배서"는 "기독교 결혼"이라는 제목의 부분에서 여러 가지 결혼식 예전도 제공한다(p. 839).

시대의 흐름에 따라 변화는 늘 있기 마련입니다. 그런데 인터넷 시대, 디지털 시대라고 하는 이 시대는 변화의 속도뿐 아니라 그 양상도 다양합니다. 또한 쏟아져 나오는 정보를 다 수용하기도 전에 또 새로운 것을 접해야 하는, 그야말로 정보의 홍수 속에 빠져 있습니다.

*

역동적 목회

*

초판 1쇄 — 2001년 7월 30일

*

지은이 — 데이빗 W.위어스비
펴낸이 — 이 규 종
옮긴이 — 고 영 민 · 김 기 원
펴낸곳 — 엘맨출판사

*

서울시 마포구 합정동 433-62

출판등록 - 제10 - 1562호(1985. 10. 29.)

*

TEL — (02) 323-4060, 322-4477
FAX — (02) 323-6416
E-mail — elman1985@hanmail.net

*

잘못된 책은 바꾸어 드립니다.

*

값 7,000원